# PRENTICE MULFORD

Erster Band



GOLDMANN VERLAG

Der Goldmann Verlag
ist ein Unternehmen der Verlagsgruppe Bertelsmann

Made in Germany · 12/88 · 3. Auflage

Umschlaggestaltung: Design Team München
Satz: Filmsatz Schröter GmbH, München
Druck: Presse-Druck Augsburg
Verlagsnummer: 8433
Lektorat: Sybille Terrahe · UK
Herstellung: Gisela Ernst/Voi
ISBN 3-442-08433-4

# Inhalt

# Vorwort

Zu Recht kann Prentice Mulford »einer der ersten und unermüdlichsten Vorkämpfer neugeistiger Weltanschauung und Lebenspraxis« genannt werden. Sein Werk, welches hauptsächlich aus dreiundsiebzig kleinen Essays über »Neues Denken« besteht und 1888–1890 unter dem Titel »Your forces and how to use them« in vier Bänden als »White Cross Library« in New York erschien, mag manchem Leser als spirituelles Vermächtnis eines originellen Außenseiters, eines unwissenschaftlichen Metaphysikers gelten.

Die Gedanken des Mulfordschen Werkes sind jedoch gerade in unserer Zeit von solch erstaunlicher Aktualität, sie untermauern den Zeitgeist so stark, daß die Herausgabe ausgewählter Texte dieses originären Denkers ein dringliches Anliegen ist.

Begreift der menschliche Verstand nun langsam, daß »Leben« nicht identisch mit »Kampf ums Dasein« sein muß, sondern die Entfaltung der eigenen inneren Kräfte bedeutet, kann der »Neue Geist«, den Mulford überall vorausahnt,

in wirksamer Weise auf allen Gebieten des Lebens tätig werden.
In diesem Sinne gründet der »Gesunddenker« und Autodidakt Mulford sein geistiges Schaffen einzig auf die Überlegung, daß die menschliche Natur ausbaufähig sei – hin zum Guten, ein Gedanke, den später auch Teilhard de Chardin entwickelt, eine Idee, die heute von der amerikanischen »Positive-Thinking«-Bewegung aufgegriffen wurde und inzwischen weltweite Resonanz gefunden hat, nicht nur in extrem mystischen Zirkeln und Vereinigungen, sondern auch in weiten Kreisen der nicht unbedingt spirituell ausgeprägten Weltbevölkerung. Sicherlich ist Prentice Mulford »Esoteriker«, wenn auch kein dogmatischer, seine Basis ist stets die Praxis einfacher Lebensführung, die jedoch – eben durch die Entfaltung dieser inneren Kräfte – zu ungeahnten Möglichkeiten, zur Verwirklichung reiner Liebe und zur Überwindung des Todes führen kann. Mulford selbst ist, wie er schreibt, nicht der Erfinder dieser Gedanken, »nur ein Vermittler der ewigen Wahrheiten, ein Werkzeug zur Entzündung des Gases, das in jedem von uns ruht«.

Das Leben des Prentice Mulford ist nicht von Auszeichnungen, Ehrungen, interessanten Ereignissen oder Begegnungen gekennzeichnet, es entbehrt freilich nicht einer besonderen Originalität. Am 5. April 1834 in Sag Harbour auf Long Island im Staat New York geboren, beschließt er, zweiundzwanzigjährig, als Matrose auf einem Walfischfänger anzuheuern. Die nächsten zehn Jahre verbringt er als Schiffskoch, Ausläufer bei einer Metzgerei, Goldgräber, Barkeeper, Schutzmann, Schulmeister, Cowboy, Abgeordneter, Vortragsreisender, Postbote, Farmer und Steuereinnehmer. In keinem Beruf findet er seine Erfüllung, er ist kein »Allroundtalent«, er ist ein Suchender. Schließlich wird der eher als schüchtern und scheu bezeichnete Mulford Journalist. Er schreibt Meldungen zum Tagesgeschehen für kalifornische Zeitungen, berichtet zweimal von Reisen nach Europa. Obwohl er nun merkt, daß »die Feder sein Zepter« ist, bringt ihm auch dieser Beruf weder das erhoffte finanzielle Einkommen noch die seelische Befriedigung innerhalb der Lohnarbeit. So beschließt er, sich in die Sümpfe von New Jersey zurückzuziehen und sich in dieser unwirtlichen Gegend ein Haus zu bauen. Das Wagnis gelingt, er baut das Haus mit eigenen Händen, es kostet ihn ganze vierzig Dollar. Nun, in der Abgeschiedenheit der Sümpfe, beginnt Mulford eben jene Essays zu schreiben, die ihn noch zu Lebzeiten bekannt machen sollen. Auch hier macht sich sein eigenwilliger

Charakter bemerkbar: Er sucht zunächst keinen Verleger für sein geistiges Werk, sondern verschickt jeden Essay einzeln als Heft gebunden an Freunde und Bekannte. Plötzlich, wenige Jahre vor seinem Tod, tritt der Erfolg ein: Ein Verleger veröffentlicht Mulfords Aufsätze, Prentice Mulford wird in Amerika und über die Grenzen hinaus ein bekannter Autor. Am 27. Mai 1891 unternimmt er auf seinem Segelboot »White Cross« eine Fahrt nach Sag Harbour, dem Ort seiner Geburt. Es wird berichtet, man habe Mulford tot in seinem Boot vor Long Island gefunden, in Decken gehüllt, mit friedlichen Gesichtszügen, scheinbar schlafend.

Prentice Mulford war ein treuer Diener der Wahrheit, er wußte, daß menschliches Leben sich nur in Würde verwirklichen läßt, in der Erkenntnis des Irrtums nämlich und seiner gleichzeitigen Überwindung. Und er wußte auch, daß kein Mensch diese Wahrheit von selbst schaffen oder erfinden kann, denn »Wahrheit ist so allgemein und weitverbreitet und gehört so sehr jedem einzelnen an wie die Luft, die wir atmen. Und es ist Freude genug, ein Fackelträger der Wahrheit zu sein – ohne sich zu vermessen, die Macht ihres Schöpfers zu beanspruchen.«

Der Herausgeber

# Rezepte zur Lebensgestaltung

Jeder Gedanke, den wir denken, ist eine Wirklichkeit. Ich habe es oft gesagt. Sage du dir es zweimal.
Jeder Gedanke baut etwas von unserer Zukunft auf oder reißt etwas von ihr nieder.
Woran denkst du jetzt, in diesem Augenblicke? Was ist dein Gedanke? Ruht er auf Dunklem oder Hellem? Ist er Haß oder Liebe? Neigung zu anderen oder Widerwillen gegen sie?
Ich könnte ebensogut fragen: »Was machst du aus deiner Zukunft?«
Der Mensch ist das Ergebnis dessen, was er gedacht hat!
Wir sind Dualitäten. Teilhaber am Stoffe und Teilhaber am Geiste. Wenn wir uns recht einstellen, wird unser Geist ohne Maß. Geist, der den Stoff befehligt.
Du wohnst jetzt in einem Mietshause und sitzest an gemeinem Tische. Tiefere Sphäre umgibt dich. Lebe geisthaft in höherer Sphäre. Sieh dich in besserem Hause unter besseren Leuten. Beharrung wird dein Vorstellen, dein stummes Gebet erfüllen.

Das gleiche Gesetz sage ich von deinem Körper. Denke Gesundheit, und du wirst gesünder sein.
Umgrenze deine Möglichkeiten nicht. Denke nicht Verfall, nicht Tod. Glaube nicht, daß für dich gilt, was von allen anderen gegolten hat. Sei du der Frühtypus eines neuen, mächtigeren Geschlechtes. Dein Geist sei stärker als der Tod. Sieh, du hast Talente, wie sie kein anderer Mensch hat oder haben kann. Nicht zwei Menschen sind einander gleich. Nicht zwei Sonnenaufgänge gleichen einander, und jeder Sonnenuntergang ist anders. Die Allkraft wirkt unendlichfache Verschiedenheit.
Verlange! Verlange zunächst, von Furcht frei zu werden. Jede Sekunde eines solchen Verlangens tut das Ihrige, dich ewig von Furcht frei zu machen. Die Unendliche Kraft kennt keine Furcht, und es ist dein ewiges Erbe, diese Kraft in dir zu verlebendigen.
Geist jeder Art ist ansteckend. Gesellschaft von Erfolglosen macht dich, wenn du sie annimmst, erfolglos. Entmutigte Leute sind Störung. Menschen, denen ihr Werk gelingt, strömen dir Geistigkeit zu, die du annehmen kannst. Schweige von deinen Plänen und schöpferischen Gedanken, es sei denn, du kenntest deine Leute und wissest, daß sie dir Gelingen wünschen. Redest du dort, wo einzig Höflich-

keit dich anhört, so ist jedes Wort Kraft, die dir entzogen wird. Jedes mißgünstige Wort über andere kehrt zum Sprecher zurück. Alles Gesprochene ist Aufbau oder Zerstörung für uns und andere. Neid oder Haß, versendet, sind Bumerangs. Sie treffen den Versender und verletzen ihn. O zauberhafte Mathematik, o immanente Gerechtigkeit des Lebens! Siehst du den Reichen, der überlegen an dir vorüberfährt? Sieh ihn ohne Neid – gönn's ihm! Denke an dich und an dein Wohlergehen! Reicher wie du kann er nicht sein – denn dein ist die Kraft des Weltalls, die darauf wartet, von dir aufgenommen zu werden.

Ja, wer das alles so schnell könnte! Nun, ich weiß schon: Wir sind Menschlein, die den Menschen noch nicht geboren haben! Aber gebären müssen wir ihn – und wenn wir darum dreitausendmal neu geboren werden müssen!

Alles Rechte wird langsam. Echter Besitz wird erworben.

Wachse mit geziemender Schnelle zum Menschen auf. Es ist der Sinn deines Seins auf der Erde.

*

Merk auf: Eile erschöpft und tötet mehr Menschen, als man glaubt. »Sei immer in Eile –

außer wenn du in Eile bist!« sagt der weise Safed.
Schlechte Laune ist Krankheit. Gemütskrankheit. Die meisten Kranken liegen nicht zu Bette, die wenigsten Narren sind abgesondert. Krankheit des Gemütes schafft Krankheit des Körpers.
Freue dich auf einen Besuch, auf eine Reise. Du ermöglichst so mehr Freude, als dir ansonsten zukäme. Lasse Positivität deine zweite Natur werden, wenn sie nicht deine erste ist. Negation ist meist unpraktisch oder Vergeudung.
Verlange an jedem Tage nach Erkenntnis deiner Mängel. Wird sie dir gegeben, dann sei nicht entmutigt. »Müdigkeit« ist kein Symptom des Krankseins. Es ist nur dein Geist, der Ruhe von alter Beschäftigung will. Denn der Geist – dieses unser eigentlichstes Ich – will nicht gelangweilt sein und liebt die Abwechslung.
Magenweh kann von einem unrichtigen Gedanken kommen. Schwäche und Nervosität haben mit dem Körper fast gar nichts zu tun. Es ist der Geist, der den Körper zerstört. Wenn du die Medizin des Arztes nimmst, sage: »Ich nehme sie, aber ich nehme sie nicht, um meinem Körper zu helfen, sondern um meinem Geiste beizustehen!«
Setzt Kinder nicht herab! Herabsetzung jeder Art ist unwürdig. Laßt das Kind an den Erfolg

glauben, gebt ihm Achtung vor sich selbst, gebt ihm Mut und Zuversicht! Steckt ihm die Kokarde der Erwählung an den Hut!
Und glaubt von euch selbst nicht das Schlechteste. Denn was wißt ihr von den künftigen Möglichkeiten des Lebens? Ihr lächelt, wenn ich euch sage, daß euch dereinst gegeben sein wird, euren physischen Körper so lange zu behalten, als ihr nur wollt – euren leidenslosen physischen Körper! Ihr werdet ihn anziehen oder ablegen können wie ein Kleidungsstück.
Laßt uns nach der Gemeinschaft der Heiligen verlangen.
Wer sind diese Heiligen?
Es sind die, die der Höchsten Weisheit ergeben sind und nur ihr. Es sind die Verlangenden nach dieser Weisheit, die in ihr Lebenden und Webenden und Wachsenden.
Es sind die Verwirklicher des Lebens.

# Umgang mit Menschen

Die unsichtbare Substanz »Geist« nehmen wir einer vom anderen auf. Indem wir sie aufnehmen, vermischen wir unseren Geist, unser Denken mit dem Geist und Denken des andern. Wir denken dann zum Teil so wie jener andere. Wir schauen, fühlen, urteilen wie er. Wir werden von seinem Einflusse mehr oder weniger beherrscht, wir sind nicht mehr ganz wir selbst, sondern ein Teil von uns ist gleichsam jener andere Mensch. Es wirkt da eine Kraft auf uns, die mesmerischen, magnetischen Charakter hat, zumindest wirkt sie durch ein ähnliches Gesetz. Wenn wir mit jenem andern Menschen viel verkehren und wenig andere Menschen sehen, wenn wir selten mit uns allein und uns selbst gegeben sind, dann nehmen unser Geist und Denken jenes Menschen Geist und Denken immer mehr in sich auf. Und dies wird uns Förderung und Wohltat, wenn Geist und Denken jenes Menschen an Wollen und Feinheit edler und höher sind als unsere Art Geist und Denken. Aber die untergeordnete Geistigkeit des andern Menschen schadet uns. Es gilt das

Wort: »Schlechte Gesellschaft verdirbt gute Sitten!« (Die »guten Sitten« kehren wieder! Verlasse jenen Menschen: dein eigentlichstes Wesen kommt wieder herauf!)
Mit vergrämten oder mutlos-kleinlichen Menschen Umgang pflegen, mit verärgerten oder leicht erregbaren, mit galligen oder zweifelsüchtigen Menschen oft zusammenkommen ist ungesund. Jederlei Schlecht- oder Schädlichdenken ist ungesund. Sei du so zuversichtlich, entschlossen und mutig, wie du nur sein kannst: du wirst, wenn du mit solchen Menschen verkehrst, ja doch etwas von ihren Zweifeln, ihrer Unentschlossenheit und Feigheit abbekommen. Dein Denken und Wollen wird gleichsam befleckt. Du wirst das Extragewicht feigen und unentschlossenen Denkens deinem mutigen Entschlusse zuzulegen haben. Welcher Art das schlechte Denken des andern auch sei: es überträgt sich mehr oder weniger auf dich.
Nun mußt du aber vom Geiste oder Denken des andern weder beeinflußt noch beherrscht oder überwacht sein, wenn du ernstlich danach verlangst, es nicht zu sein. Ein solches Verlangen ist das Gebet. Das Gebet ist das Verlangen deines Geistes, von allem frei zu werden, was dir Kraft und Glück herabmindern kann. Kraft und Glück bedeuten das gleiche. Kraft bedeutet das

Vermögen, eine Stimmung der Freude und des Glückes in Geist und Seele zu erhalten. Hast du diese Kraft einmal gewonnen, bist du Herr an Geist und Seele, so wird sich dir am physischen Plan des Lebens alles von selber formen und zu dir kommen in Gemäßheit deiner Herrlichkeit. Das Gesetz der Übereinstimmung zwischen den Dingen der stofflichen und den Dingen der geistigen Welt ist in seiner Auswirkung von wundervoller Genauigkeit. Menschen, die in Schwermut leben, sehen alle Dinge in Schwermut, sie machen alle Dinge zu Dingen der Schwermut und Trauer. Der Leidende zieht den Leidenden an. »Geteiltes Leid ist halbes Leid!« Aber den Menschen, die immer verzagt und verzweifelt sind, gelingt gar nichts. Sie leben sich selber und anderen zur Last. Der Mensch der Hoffnung und Zuversicht und Heiterkeit: er ruft die Elemente des Erfolges heran, und sie gehen mit ihm. Daher die Worte: »Wer schaffen will, muß fröhlich sein!« oder: »Mit dem Fröhlichen ist Gott!« Eines Mannes Vor- oder Hausgarten wird durch die Art, wie er gehalten ist, die geistige und seelische Verfassung des Mannes anzeigen. Eine Frau zeigt durch ihre Kleidung, wes Geistes und welcher Seele sie ist. Fetzen, Lumpen und Schmutz sind immer zuerst im Geiste, ehe sie am Körper sind. Das Denken, dem du meist ergeben bist, zieht das

übereinstimmende sichtbare Element an dich und kristallisiert es in dir so sicher und tatsächlich, wie das sichtbare Stück Kupfer, in die Lösung getan, das unsichtbare Kupfer jener Lösung an sich zieht und kristallisiert.
Wer Verfall denkt, züchtet Verfall im eigenen Körper. Er wird schlechtes Blut bekommen. Schlechtes Blut ist die Ursache vieler Krankheiten. Er hat sein Blut durch die Unreinigkeit seines Denkens unrein gemacht. Der Geist ist das Leben des Blutes. Der Geist ist dein Denken. Was du denkst, fließt aus deinem Geiste, was du denkst, baust du in deinen Geist hinein. Unreines oder verderbtes Denken bedeutet weit mehr als unzüchtiges Denken. Es bedeutet von anderen häßlich denken, an andere mit Haß oder Unliebe denken. Es bedeutet Denken an Gewinn auf Kosten anderer. Es bedeutet ohne Mut, hoffnungslos und traurig denken. Es bedeutet lang getragenen Kummer über jeden Verlust, bedeutet jeden Gedanken, der den Geist niederzieht. Was den Geist niederzieht, wird immer auch dem Körper schaden. Sich über den Verlust eines Freundes grämen bringt ebenso herunter wie das, was man ein »unmoralisches Leben« führen heißt. Der Schaden, den der Körper nimmt, kann ebenso groß sein. Deshalb ist auch die Sünde ebenso groß. Menschen, die sich ärgern, sind große Sünder. Sie

schaffen sich einen gereizten Geist, der Ärger wird ihnen zur festen Gewohnheit, die zu überwinden ihnen immer schwerer fällt. Ärger reißt den Körper in Stücke und tötet vielleicht. Solche Menschen sind also ebenso schuldig wie die Opfer irgendeiner abscheulichen Krankheit, die durch sogenanntes Laster entstand. Jede Gewohnheit, die Schaden bringt, ist ein Laster. Gewiß, manche Krankheiten sind sozusagen ehrenwerter als andere. Schwindsucht klingt besser als Säuferwahnsinn. Aber beide töten den Körper. Beide entstehen durch Übertreten des Gesetzes. Und beide sind Strafgelder, die für diese Übertretung gezahlt werden müssen.

Jeder deiner Gedanken hat für dich auf jede mögliche Weise wirklichen Wert. Die Kraft deines Körpers und Geistes, dein Erfolg in deinem Unternehmen, das Vergnügen, das deine Gesellschaft anderen bereitet: alles das hängt von der Beschaffenheit deiner Gedanken ab. Jeder deiner Gedanken ist ein Teil von dir und wird von anderen als dieser Teil empfunden. Du brauchst nicht immer zu sprechen, um ein angenehmer Gesellschafter zu sein. Die Menschen, die um dich sind, werden dich angenehm empfinden, wenn du angenehme Gedanken denkst. Du brauchst auch nicht immer zu sprechen, um unangenehm empfunden zu werden. Die Menschen werden dich unangenehm empfinden, wenn du unangenehme Gedanken denkst. Die magnetische Kraft der Menschen ist ihr Denken, ihre Geistigkeit. Trauer, Eifersucht, Spott oder Zynismus stoßen ab. Freude, Hoffnung, der ernste Wille, jedem den du triffst, Gutes zu tun, und sei es auch nur für die Minute: eine solche Geistigkeit zieht an. Wichtiger als was du redest, ist, was du denkst. Denkst du hell, klar, rein, zuversichtlich und vertrauend: dann bist du ein Wert, ja, ein immer zunehmender Wert, wo immer du hingehst. Die Menschen werden sich immer freuen, dich zu sehen. Du bringst ihnen Freude und Kraft, du stärkst sie auch körperlich. Sie fühlen sich besser, wenn sie dich sehen. Du bist für sie ein Brunnen der Gesundheit und Erquickung, und du kannst so die sauerste Laune und deinen finstersten Gegner entwaffnen. Wenn du im Geiste sagen kannst: »Ich weigere mich, irgendeinen Menschen als meinen Feind zu betrachten!« –: dann wirst du keine Feinde haben. Wenn wir von »Feinden« sprechen, die wir »haben«, und wenn wir fortfahren, im Geiste gewisse Menschen als unsere Feinde zu betrachten, dann machen wir sie zu unseren Feinden, weil solche Menschen die Eigenschaft unseres Denkens spüren. Es ist ein Element, das ihnen zuströmt und sie unangenehm berührt. Strömt ihnen aber dein Denken zu:

»Ich bin nicht dein Feind. Ich will nicht unangenehm gegen dich fühlen – ich möchte dich mehr lieben, als ich es tue!« –: dann werden sie bald diesen Gedanken fühlen. Sie können seiner Kraft nicht widerstehen. Denn der Gedanke des Guten ist immer stärker als der des Übels: Das ist ein Gesetz der Natur.
Das Wesentlichste in der Kraft und im Zauber des geistigen Wesens eines Menschen kann mit den Worten angedeutet werden: »Ich möchte dir helfen, wie immer ich es vermag. Ich möchte dir helfen, dich aufzubauen. Ich möchte dir zu besserer Gesundheit verhelfen, zum Erfolg in deinem Unternehmen. Ich möchte dir zu dem Platz hin helfen, zu der Stelle, an der deine Gaben am hellsten sich zeigen werden!« Ist ein solches Denken aufrichtig und ernst gemeint, dann trägt und bewegt es unermeßliche Kräfte. Der gute Wille jedes Menschen, dem du so begegnest, den du so an dich ziehst, ist wie ein unsichtbares Bächlein des Lebens, das dein Leben nährt. Es ist das Bächlein einer Substanz, die, obgleich unsichtbar, so wirklich ist wie die Elemente, die wir sehen. Der gute Wille, das Wohlwollen anderer für uns ist Denken, das aufbaut. Der Mensch, der uns wohlwill, baut uns auf. Wohlwollen tut unseren Körpern gut, es macht unser Blut reiner, unsere Muskeln stärker, ja, es bildet unsere Form zur Wohlge-

stalt um. Es ist das wahre »Elixier des Lebens«. Je mehr du von diesem Denken, von diesem Geisteselemente in dich aufnimmst, um so mehr Leben wirst du haben. Du nimmst dann von den Menschen, mit denen du umgehst, die besten Elemente in dich auf. Doch wenn du das Wohlwollen der Menschen mit Übelwollen vergiltst, wenn der Strom deines Geistes dem Guten entgegen ist: dann vergiftest du die Elemente, und sie werden dich zerstören. Viele Menschen haben sich schon zu Tode gehaßt. Auch kann der Böswille vieler, der sich auf einen einzigen Menschen vereinigt, die Gesundheit dieses Menschen sehr schädigen, ja, er kann ihn töten. Aber er kann gar keinen Schaden tun, wenn ihm mit dem Denken und Wollen des Guten begegnet wird, mit dem Wunsche: Gerechtigkeit zu üben. Denn die Gerechtigkeit muß mit dem Wohlwollen Hand in Hand gehen, dann kann ihnen nichts und niemand widerstehen. Wenn du im Wohlwollen für alle beharrst, dann verbindest du dich mit einer höheren und mächtigeren Geisteswelt; du empfängst dann aus jener Geisteswelt eine größere Kraft, als du jetzt nutzbar machen kannst. Du verbindest und verbündest dich dann mit einer Welt, die nichts tut als aufbauen, deren Bewohner Götter sind an Kraft und deren Schöpfungen, nach ihrem Belieben, unsere

kühnsten Träume übertreffen. Alles, was Fabel oder Phantasie gedacht und gedichtet haben, ist in höheren Geistes- und Seelenreichen Wirklichkeit. Wenn du deshalb im Wohlwollen für alle lebst, wirst du gleichsam ein Bürger jener Welten und empfängst aus ihnen mächtige Kraft. Du bist dann durchaus sicherer gegen jederlei Feind.
Das ist nicht etwa Erfindung oder Mythos. Nein, hier walten die gleichen Gesetze, durch welche die Sonne Wärme gibt, der Wind bläst, der Same wächst und die Gezeiten sind. Wie dein Geist, so der Geist, den du empfängst. Das ist ebensosehr Gesetz der Chemie wie Gesetz der geistigen Welt. Die Chemie ist nicht nur auf die Elemente beschränkt, die wir sehen. Der Elemente, die wir mit leiblichem Auge nicht sehen können, sind zehntausendmal mehr als jene, die wir physisch sehen können. Das Wort Christi: »Tut Gutes denen, die euch hassen!« beruht auf einer wissenschaftlichen Tatsache, auf einem Naturgesetz. Denn wer Gutes tut, trägt sich aus der Natur alle Kraft und alles Gute zu. Wer Übles tut, ruft zerstörende Elemente. Wenn unsere Augen erst einmal geöffnet sind, dann wird uns der Selbstschutz, der geistige Selbsterhaltungstrieb in jedem Übeldenken innehalten lassen. Denn wer vom Haß lebt, wird durch den Haß umkommen – so wie

gesagt wurde, daß wer das Schwert ziehe, durch das Schwert umkommen werde. Jeder üble Gedanke ist wie ein Schwert, gegen den Menschen gezückt, den er treffen soll. Zückt auch jener andere Mensch das Schwert: desto schlimmer für beide.

Christus beherrschte die Elemente durch die Kraft seines Geistes oder sein Verbundensein mit den höheren Geistes- und Seelenreichen. Geist, die Substanz, kann, wenn sie sehr mächtig ist, in körperlicher Form sich offenbaren und sichtbar werden. Der Geist Christi war mächtig genug, das »Wunder« zu vollbringen.

Deine Kraft, Wesen und Eigenschaft des Nächsten zu fühlen, entspricht immer deiner Freiheit von üblem Denken. Reinheit ist Kraft. Stahl ist rein wie Eisen und stark wie Eisen. Der reinste Geist ist zugleich der höchste und stärkste Geist. Und doch: Wenn du der überlegene Geist bist – du kannst den andern, die dein Umgang sind, nur bis zu einem gewissen Grade Gutes tun. Denn sie können nur einen geringen Teil deines Denkens aufnehmen. Und du empfängst dafür einen großen Teil ihres untergeordneten Denkens. Du gibst ihnen gleichsam Gold, und sie geben dir Eisen. Und vielleicht mehr Eisen, als dir guttut. Und du gibst ihnen mehr Gold, als sie brauchen können. Also sind beide Teile geschädigt.

Verkehre deshalb vorzüglich dort, wo deine Geistigkeit am meisten geschätzt und gebraucht wird. Dann tust du dir und deinem Nächsten geistig und körperlich was Gutes. Du bist in kein ungleiches Joch gespannt. Menschen, die deine Art Denken aufnehmen und, durch den Filter ihrer Eigenart verwandelt, dir wiedergeben, sind deine nahen geistigen Verwandten. Hier wird dir Bereicherung. Einer baut gleichsam ins Herz des andern. Und Trennung bedeutet nur Gewißheit neuen Wiederfindens in höherer Kraft und Reife.

# Ökonomie der Kräfte

So wie wir heute leben, verschwenden wir unsere Kräfte an tausend Dinge, ohne uns dessen bewußt zu werden.
Es gibt aber eine höhere Ökonomie oder Sparsamkeit als die mit dem Gelde, und wir müssen uns diese höhere Ökonomie zu eigen machen, denn sie wird uns lehren, dem Verlust unserer Kräfte zu steuern. Wissen wir aber, wie wir unsere Kräfte bewahren können, so mehren wir unser mentales und körperliches Vermögen unaufhörlich und schaffen uns so einen Wert, der Geldeswert bei weitem übersteigt. Wir werden unser Leben so sehr verlängern, wie wir es heute kaum zu erhoffen wagen.
In dieser göttlichen Ökonomie unserer Kräfte, die noch kein Mensch je meisterte, wird jeder Akt unseres Geistes oder Körpers der Ursprung einer Neuschöpfung und Kraftvermehrung sein. Das Gehen, körperliche Arbeit im Hause oder auf dem Felde, unser wissenschaftliches oder künstlerisches Werk werden uns Freude schenken und dauernder Kraftgewinn sein. Diese Ökonomie wird unsere gei-

stige und körperliche Ausdauer verlängern, denn wir werden mehr Kraft empfangen als verbrauchen.

Eine der großen Ursachen unserer gegenwärtigen Kraftverschwendung ist die Stimmung von Ungeduld oder geistiger Unmäßigkeit. Jede Bewegung auch des schwächsten Muskels verbraucht Kraft und Geist. Wir biegen den Finger ein, bewegen die Wimpern, regen leise eines unserer Glieder: und alles das ist so gut Kraft Gottes, wie es die unsrige ist. Denn wir sind Teile des Unendlichen. Und es ist Sein Gesetz, daß diese Kraft dazu gebraucht werde, uns der höchsten Freude zuzuführen.

Schmerz und Unrast entstehen, wenn wir die göttliche Kraft nicht nach dem Plan und Willen des Unendlichen gebrauchen.

Schmerz jeder Art ist eine Botschaft des Unendlichen, die besagt, daß wir unsere Kräfte irrig verbraucht haben.

Nimm an, du hättest für beträchtliches Geld einen Automaten gekauft oder machen lassen. Dieser Automat wird durch eine bestimmte Kraft in Gang erhalten. Er ist sehr gelehrig und kann Schubladen öffnen und schließen, das Blatt Papier fortnehmen, das du eben beschrieben hast, deine Feder ins Tintenfaß tauchen, Kleider und Handschuhe zu- und aufknöpfen, kurz, alle die Handgriffe tun, die jeder Mensch für sich tun muß, und wenn er eine Armee von Dienern hätte.

Wenn nun die besondere Kohle oder was sonst zum Erzeugen der treibenden Kraft des Automaten in Betracht käme, die Bagatelle von hundert Dollars pro Kilogramm kostete – würdest du diesen Automaten bei jeder geringsten Gelegenheit bemühen? Würdest du dich seiner nicht sehr achtsam und bedachtsam bedienen? Würdest du nicht, ehe du ihn funktionieren ließest, einen Augenblick nachdenken, ob denn die Leistung dieses kostspieligen Dieners im Verhältnis zur verbrauchten Kraft stehe? Und würdest du ihn diese Leistung mit dem Aufgebot der höchsten Energien stoß- und ruckweise vollbringen lassen, so daß die Maschinerie ächzte und knarrte und bald in die Reparatur müßte, wenn sie nicht gar schon ganz kaputtgegangen wäre?

Nun, wir verwenden beim Gebrauche unseres Körpers – wenn wir etwa wütend ein Blatt Papier zerreißen oder ein Fenster öffnen oder ein Kleidungsstück vom Haken nehmen oder wegen irgendeiner Kleinigkeit wie verrückt durchs Zimmer schießen – eine weit größere Kraft, als nötig ist. Und wenn wir in solcher Verfassung alle die hundert Nichtigkeiten tun, die wir täglich tun müssen: dann ist dies eine stete Kraftausgabe, der keine Krafteinnahme

gegenübersteht. Diese stete Kraftausgabe erzeugt Erschöpfung, Krankheit und Tod des Körpers.
Zähle, wenn du kannst, die vielerlei Bewegungen des Körpers, der Glieder und Muskeln, die du in der ersten Stunde nach dem Erheben machst. Denke an die vielerlei Muskelbewegungen, die allein das Anlegen der Kleider erfordert, dein Herumgehen im Zimmer. Vergegenwärtige dir, daß jede dieser Bewegungen Kraft verbraucht, so gut wie der Gedanke, den du denkst, Kraft verbraucht.
Der Automat, von dem ich sprach, ist unser Körper.
Die Kraft oder der Geist, den wir aufwenden, wenn wir eine Flaumfeder oder ein Neunzigpfundgewicht heben, strömen uns vom Unendlichen zu, der alle Kraft und aller Geist ist.
Für Geld kannst du diese Kraft nicht kaufen. Sie übersteigt jedes Maß kaufmännischer Werte. Ihre Heiligkeit und Würde wird durch nichts, was wir tun, vermindert. Sie ist durch die Nadel, die wir durchs Kleid führen, das wir ausbessern, oder durch die Feder, mit der wir etwas notieren, ebenso geheiligt wie durch irgend etwas anderes.
Ökonomie unserer Kräfte bedeutet ewiges Leben für den Körper. Nicht für *diesen* Körper, sondern für den physischen Körper, der sich im

Rhythmus der ewig erneuten Kraft, die der Geist aus der unerschöpflichen Quelle aller Kraft aufnimmt, ewig wechselnd erneut und verfeinert.
Gerade auf die Nichtigkeiten, auf die Vergeudung unserer Kräfte im kleinen sollten wir besonders achten! Wir müssen immer die Meister des Augenblickes sein!
Verwende keine kostbare, unwiederbringliche Stunde auf das mühsame Suchen der verlorenen Stecknadel!
Verschwendung von Kraft beim Gebrauche unseres Körpers zieht unfehlbar seinen inneren Mechanismus aufs verderblichste in Mitleidenschaft. Lunge, Herz, Blutkreislauf und alle anderen Funktionen unserer Organe werden von unserer vorherrschenden Gemüts- oder Geistesverfassung beeinflußt.
Wenn wir's sehr eilig haben, werden diese Funktionen sehr eilig und damit sehr unvollkommen geschehen. Wenn wir uns nicht die Zeit nehmen wollen, die Dinge ordentlich zu tun, wird auch unser Magen sein Werk nicht ordentlich vollbringen. Und unsere anderen Organe werden sich ihm anschließen.
Es kann kein einziger Teil der Maschine aus der Ordnung geraten, ohne daß er alle anderen in Mitleidenschaft zöge.
Verschwendung von Kraft erzeugt Unruhe,

Ungeduld, Hast. Der Atem unruhvoller, gehetzter Menschen ist kurz, keuchend, überstürzt. Menschen, denen Hast und Ungeduld zur Gewohnheit wurden, können nicht gesund atmen.
Es gibt ein Atmen des Geistes und ein Atmen des Körpers. Wenn unser Geist der höheren Ökonomie bewußt wird, führt er dem Körper ein bestimmtes Leben zu. Dieses Leben nehmen wir mit jedem Atemzuge auf, und es erzeugt von selbst die tiefe, ruhevolle Atmung. Solches Leben kommt nicht von der Erde, sondern aus dem Reiche des Geistes. Und wir empfangen von diesem Leben je nach unserem Trachten nach ihm. Dieses Trachten ist ein Verlangen an den Höchsten, uns zu höheren Formen des Seins und über alle Schmerzen und Gebrechen der Sterblichkeit emporzuheben.
Haß ist die wildeste Ausschweifung im Gebrauche unserer Kraft. Haß jeder Art schädigt den Körper ernstlich.
Aber ist es denn nicht nur recht und billig, Übel, Unterdrückung und Ungerechtigkeit zu hassen?
Das ist keine Frage von Recht und Unrecht. Denn, was recht und unrecht ist, darüber entscheidet die Allgemeinheit. Aber es ist die Frage einer geistigen Verfassung, eines Zu-

standes, in dem wir sind, und ob *der* uns Gutes oder Schlechtes bringt.
Wer in allem und jedem Unvollkommenheit sieht und stetig im Gegensatz zu Sitte und Brauch, Gesetz und Volk steht, injiziert sich ein zerstörendes Geisteselement, er füllt den Körper damit. Es gibt Leute, die sich um irgend etwas, das ihnen als »gute Sache« erscheint, in Krankheit und Tod hineinhassen. Der wortreiche Sprecher, verletzender Schmähung und sarkastischen Spottes gegen den Bedrücker voll, muß manchmal vorzeitig ins Grab. Er ist in einen Strom von Kampfwut gegen einen gewissen Feind hineingeraten. Und aus solch einem Strom wieder herauszugelangen ist nicht leicht. Er ist wie ein Schwert, das auch den tötet, der es gebraucht. Wer von solchen Schwertern lebt, geht durch sie zugrunde.
Wenn wir einst nach höheren Gesetzen leben werden, in der göttlichen Ökonomie und im neuen Geiste, den uns die Allmacht geben wird – werden wir diese Kraft sparen, denn wir werden nichts Hassenswertes sehen können. Wir werden im Menschen und in der Natur nur das Gute sehen.
Wer nur Gutes sieht, strömt eine große Geisteskraft aus, die noch mehr Gutes heranzieht. Der Höchste wird uns, je nach unserem Verlangen, zeigen, um wieviel mehr Gutes in allen Dingen

ist, als wir vermuten. Wir werden wahrhaftig erstaunt sein, *wieviel* Schönheit, Harmonie und Ordnung es in diesem Weltall gibt.

Herkömmliches Wissen und Gesetz der Menschen sagen uns, das Unrecht müsse bekämpft werden. Aber wer den Kampf in die Welt hineindenkt, wird Kampf aus ihr empfangen. Viele unter uns, zu Parteien zusammengeschlossen, sind immer auf einem Kreuzzuge gegen andere Parteien. Klasse kämpft gegen Klasse, Rasse gegen Rasse, Nation gegen Nation. Verleumdung und Verdammung donnern von Kanzel und Tribüne herunter. Überall werden bittere Gefühle erzeugt, in sich und anderen. An Gesetzen gegen das Übel fehlt es uns nicht, aber wir können es nicht ausrotten.

Zeitalter hindurch sind wir diesen Weg gegangen. Mit Erfolg? Hat uns bei alldem immer der Weltgeist beraten, der einzig weiß, was gut und böse ist? Oder haben wir Menschen in unserem Hochmute uns nicht angemaßt, selber alles besser zu wissen und die Zügel der Regierung in die eigene Hand nehmen zu können?

Der Mensch vergeudet seine Kraft zwiefach. Vergeudung der Kraft im Physischen bedeutet Vergeudung der Kraft im Geistigen. Die Erschöpfung ist abermals zwiefach. Wer verärgert zu Bette geht, wird, wenn er am Morgen erwacht, mit dem gleichen zerstörenden Elemente beladen sein. Ein Geist voll Unruhe und Hast geht, während der Körper schläft, die Verbindung mit dem zerstörenden Elemente der Ungeduld und Hast ein. Die Kraft, die wir so vergeuden, weiß der indische Adept zu bewahren, ja, sie verleiht ihm Fähigkeiten, an die wir klugen Leute des Westens gar nicht glauben wollen und die vielen von uns »übernatürlich« erscheinen.

Es gibt aber im ganzen Weltall oder in der Natur nichts »Übernatürliches«. Wohl aber gibt es in der Natur und in uns selbst sehr, sehr viel, wovon wir gar nichts wissen. Jeder von uns ist wahrscheinlich in der lebenslangen Gewohnheit befangen gewesen, seine Kräfte irgendwie zu vergeuden. Hier soll nun nicht mit kategorischem Imperativ gesagt werden: »Ihr müßt diese Gewohnheit unverzüglich ablegen!« Denn wir können ja nicht aus uns heraus. Einzig die Allmacht kann uns neue Geister geben und uns von unseren Gewohnheiten befreien. Wir müssen es von ihr verlangen. Wir können unseren Kräfteverlusten nicht sogleich steuern. Gewohnheiten, in langen Jahren erworben, können nur nach und nach überwunden werden. Beziehungen, die sich nicht für uns eignen, können wir nicht plötzlich abbrechen, selbst wenn wir genau wissen, welche Kraft wir durch sie verlieren. Unsere Geister, dem Haß,

argem Vorurteil oder Neid aufgetan, können sich nicht an einem Tage wandeln.
Wir irren in Unwissenheit. Darum dürfen wir nicht als »elende Sünder« getadelt werden. Wir entwachsen ja diesen Irrtümern stetig. Sind uns einmal die Augen geöffnet, so erkennen wir täglich einen der Fehler, die uns anhaften.
Wir sollen darum dem Höchsten danken, der uns diese Fehler zeigt. Denn Fehler erkennen heißt vom niederen Wesen zum höheren werden.
Der Mensch kann nicht aus sich heraus die höhere Ökonomie der Kräfte schaffen. Aber wenn er der Verschwendung und Vergeudung seiner Kräfte bewußt wird, kann er vom Höchsten das neue und ruhevollere Gemüt verlangen. Und es wird ihm werden und wird ihn mit neuem Leben erfüllen und über die Ökonomie der Kräfte wissend machen.
Fleisch und Blut, Knochen und Muskeln werden so eine Erneuerung erfahren. Der Mensch wird zum neuen Wesen. Und die Ökonomie der Kräfte wird ihm so leicht werden wie seine Atmung.

# Spirituale Gaben

Heiterer Stimmung bleiben können, wenn die Dinge düster und drohend aussehen, Schulden drücken, Freunde abfallen und die Geschäfte nachlassen, ist eine spirituale Gabe. Wer diese Gabe besitzt oder, mit anderen Worten, die Kraft in sich entwickelt hat, stetig in solcher Stimmung bleiben zu können, befiehlt dem Erfolg und wird ihn haben. Es wird die schweigende Kraft seines seelisch-geistigen Wesens von anderen entschlossenen Seelen und Geistern gefühlt werden, und diese Seelen und Geister werden ihm – er mag schlafen oder wachen – zum Erfolg verhelfen.

Scharfsinn in Geschäften ist eine spirituale Gabe oder Kraft. Sie schließt eine gewisse prophetische Fähigkeit ein, zu wissen, wann und wie einzukaufen sei. Sie schließt die Kenntnis der menschlichen Natur ein, das Wissen oder Fühlen am ersten Blick: der ist ehrlich, der unehrlich. Wir haben einen Sinn, der die Geistigkeit anderer fühlt und uns so Kenntnis gibt, ob jene Geistigkeit eine gute oder schlechte ist – so wie wir durch unseren physischen Sinn den

Unterschied zwischen einer rauhen oder glatten Oberfläche tasten. Es ist eine spirituale Gabe, im Geschäfte Zeit und Kraft sparen zu lernen und so in einer Stunde mehr zu vollbringen als andere an einem Tage. Jeder geschäftliche Erfolg wird durch den Gebrauch einer spiritualen Kraft erreicht. Spirituale Kraft wird zur Erreichung aller Zwecke gebraucht, ja, sie ist die einzige Kraft, die gebraucht wird.

Spiritualität heißt nicht in Träumen leben oder in Wolken schweben oder blaß und schmachtend dreinschauen, als ob die Dinge dieser Erde eine ernste Beachtung nicht verdienten und mehr ertragen als genossen werden müßten. Spiritualität bedeutet die größte Schärfe des Intellekts, die größte, weiteste Voraussicht, den größten Reichtum an geistiger Kraft, den ein Mensch gewinnen kann, und den weisesten Gebrauch dieser Kraft. Sie bedeutet die größte Herrscherfähigkeit – werde diese Fähigkeit nun im kleinen Reich des Haushalts oder im größeren Reich einer Nation geübt. Spirituale Gaben bedeuten alle Talente, alle Kräfte und alle Methoden, diese Kräfte zu gebrauchen.

Ich nenne es eine spirituale Gabe, in Pflanzen, Wurzeln und Kräutern heilende Kräfte entdekken können! Alle Natur, soweit sie sich in einer dem leiblichen Auge sichtbaren Substanz offenbart, ist zugleich eine Offenbarung von Geist

oder Kraft; und jede Pflanze besitzt eine ihr eigentümliche Art oder Eigenschaft der Kraft – und diese Kraft vermag uns, wenn wir uns ihrer bedienen, wirklich von Krankheit zu befreien. Kundry sucht ein Heilkraut Arabiens zur Heilung des Amfortas – aber mehr als alle Kräuter heilt der Geist. Die Gabe der Heilung durch die Kraft des Denkens ist eine spirituale Gabe. Man braucht die Kranken nicht gesund zu beten: man kann sie auch gesund denken! Denn ein gesundes Denken kann kranke Körper stärken und beleben. Die Welt wächst einer Zeit entgegen, in der sich die medizinische Wissenschaft immer weniger der Drogen und Medikamente bedienen wird. Der Mensch ist weiser, als er heute begreift. Er wird sich von der Materie immer unabhängiger machen und sich so unbewußt immer mehr den unsichtbaren oder spiritualen Elementen der Natur hingeben. Mancher Arzt von heute, der seinen Patienten hell, zuversichtlich, heiter und entschlossen begegnet, schuldet seine Erfolge ebensosehr dem Strom seines hellen, zuversichtlichen, heiteren und kraftvollen Denkens, den er ihnen zusendet, wie der Medizin, die er ihnen verschreibt.
Es ist eine spirituale Gabe, die dich bei einem Plan oder Zweck ausharren läßt, die verhindert, daß Schwanken, Beeinflussung, Schmeichelei, Verführung oder Spott dich davon abbringen.

Bist du entschlossen, etwas Höheres, Besseres zu werden, als du heute bist, so wird die spirituale Gabe dich in solcher Entschlossenheit erhalten. Der Mensch von Erfolg muß im Geiste oder in der Einbildung immer so leben, denken und handeln, als ob er den Erfolg bereits erreicht hätte – oder er wird ihn nie erreichen. Die genialen Könige und Königinnen im Reich des Geistes werden, auch wenn sie vorübergehend gezwungen sein sollten, einen in den Augen der Welt geringen Rang einzunehmen, nicht geringer von sich denken, als ob sie auf ihren Thronen säßen. Und das Gefühl der Selbstachtung, das ihnen eigen ist, wird ihnen immer auch jene Achtung verschaffen, die ihnen zukommt. Solche Könige und Königinnen werden durch die Kraft ihrer spiritualen Gabe immer jener Hochstellung zustreben oder doch ihr nahe sein wollen, die ihnen gebührt. Und sie werden jene Stellung erreichen durch die schweigende Kraft des Geistes oder durch die ruhevolle Stimmung des Entschlusses, die mehr vermögen als jede körperliche Bemühung.

Du mußt das sein, was du geistig am meisten lebst. Denn es ist dein Denken, das sein stoffliches Gegenbild an dich zieht. Beugst du dich im Geiste vor dem Talent anderer, schüchtert der großartigere Stil ihrer Lebensführung dich ein, erniedrigst du dich vor ihrem anmaßenden Wesen bis zu einer Art ersterbenwollender Demut und begibst du dich so in jene sündige Selbst-Unterschätzung, die immer sagt: »Ich könnte niemals dort oben stehen!«, dann richtest du selbst die Schranken auf, die dich hindern, dorthin zu gelangen.

Sieh dir die besten Dinge der Welt an, als ob sie dein eigen wären! Die Häuser, Wagen und schönen Kleider der anderen – freu dich daran, wie du dich daran freuen würdest, hättest du sie selbst erworben! Und erwerben und besitzen kannst du sie, wenn dein Glaube an das spirituale Gesetz oder an die schaffende Kraft des Geistes, die allein alle Dinge und Güter heranbringt, stark genug ist.

Es ist nichts Unrechtes, die besten Dinge dieser Erde zu besitzen und zu genießen. Es ist Notwendigkeit und Wohltat, dem feineren Geschmack geben zu können, wonach er verlangt. Aber es gibt gerechte und ungerechte Methoden, um die Güter der Erde zu erlangen, weise und unweise Methoden, um das zu erlangen, was wir brauchen. Ungerechtigkeit ist nur ein anderes Wort für Unwissenheit oder Mangel an Weisheit. Am lichten Tag schreitet man keinem Abgrund zu – im Dunkel der Nacht kann es geschehen. So tut der Wissende nichts, was ihm oder anderen Schaden bringt.

Es ist kein Segen, sondern Schädigung, elend zu wohnen, schäbige Kleider zu tragen, grobes Brot zu essen und unter rohen, gewöhnlichen Leuten zu leben. Christus predigte niemals, es sei Pflicht, in Armut zu leben. Wohl predigte er gegen den Säckel und sagte er seinen Jüngern: »Verkaufet, was ihr habt, und gebt es den Armen!« Aber indem er dies predigte, schloß er den Hinweis auf die Entfaltung jener Geisteskraft ein, die alles heranbringt, dessen wir bedürfen. Er sagte: »Machet euch Säckel, die nicht veralten, einen Schatz, der nimmer abnimmt, im Himmel, da kein Dieb kommet, und den keine Motten fressen – denn wo euer Schatz ist, da ist auch euer Herz.« Das hieß dem Sinne nach etwa: »Trachtet zuerst danach, euren Geist, soweit ihr es vermögt, in Übereinstimmung und Verbindung mit Gott oder dem unendlichen Geist des Guten zu bringen. Und wenn ihr dies tut, wird euch euer Anteil – ein stetig wachsender Anteil – an der spiritualen Kraft werden, der euch alles zubringt, Häuser und Länder.«

Ich sehe keinen Grund, warum nicht Pferde und Wagen und Kleidung und alles, was dem Auge oder Ohr oder den übrigen Sinnen gefallen kann, mit eingeschlossen werden sollte. Glanz entwürdigt nicht – sonst wäre es schmerzlich, einen prachtvollen Sonnenuntergang zu schauen. Wer eins ist mit Gott oder mit der unendlichen, nie begreiflichen Kraft, die das Weltall regiert, der lebt im Strahle höchster spiritualer Kraft. Der kann kein Armer sein – sowenig Gott ein Armer ist. Und diese unendliche Kraft gibt jenen, die sie mit Eifer suchen, »gute Gaben«. »Gute Gaben« – also nicht: schlechtes Brot, schäbige Kleider und feuchte, dunkle Wohnungen.

Alle Dinge und Ereignisse gehen aus der spiritualen Welt hervor und nicht aus der Welt, die wir sehen. Die Dinge der stofflichen Welt sind wie die Schatten der Wirklichkeit im Spiritualen und wie Schatten abhängig, untergeordnet. Wie die spirituale Welt fortschreitet, empfangen wir Ansporn und Eingebung jedes Fortschrittes. Es ist die Geisteswelt, die alle stofflichen Dinge ins Leben wärmt und sie aufbaut – so wie der Sonnenball das Element zur Erde strömt, das Pflanze, Tier und Mensch ins Leben wärmt. Und wie das Sonnenelement durch Myriaden von Jahren feiner und feiner wurde und Pflanze, Tier und Mensch zu feineren Formen aufbaute, so wird auch das spirituale Element oder die spirituale Kraft, die stetig auf unseren Planeten einwirkt, immer feiner und mächtiger. Und mit ihr werden es unsere spiritualen Gaben.

# Die Befehle Gottes

Das Leben ist eine endlose Wissenschaft. Es gibt keine Höhe in ihm, auf der wir sagen können: Wir sind vollendet. Was wir heute zu begreifen und zu verstehen vermeinen, wird morgen für unseren reiferen, helleren Geist – und wir werden immer heller und reifer! – eine neue Bedeutung gewinnen und in der Zukunft eine neue und immer neuere Auslegung finden. Was uns heute schlechttut, kann uns morgen guttun; und umgekehrt. Das hängt davon ab, wieweit wir gelernt haben, ein Ding zu gebrauchen.
Ein Wort, mit dem wir heute einen ganz bestimmten Begriff verbinden, kann morgen einen völlig neuen Sinn bekommen. Ideen lassen sich nicht einfach durch den Klang gewisser Buchstaben und Silben ausdrücken. So wie unser Geistesblick schärfer und heller wird, gewinnt jedes Wort der Sprache für uns neue Bedeutung. Und diese Bedeutungen sind in keinem Wörterbuche zu finden. Denn es gibt eine Sprache der Ideen, die durch Worte niemals völlig offenbar wird und an die kein Wörterbuch hinanreicht.

Wenn der Mensch bewußt als ein Teil des Unendlichen auf dieser Erde lebt, als der Teil des Unendlichen, der er ist, dann ist es für ihn unmöglich, sich dem Unendlichen im Bettlerton oder als unterwürfiger Bittsteller zu nähern. Als ein Teil des unendlichen Ganzen, des Kosmos, *darf* er sein Teil erbitten. Gewiß, er, der Teil, kann der Kraft, die anfang- und endlos und über allen menschlichen Begriff erhaben ist, nicht *befehlen*. Aber, um mehr und immer mehr vom »Gott in uns« zu empfangen, um ein größerer und wachsender Teil des Allterhöchsten zu werden, um die wahre Erkenntnis aller Dinge um uns herum zu erlangen: dazu ist nötig, daß wir stetig verlangen, daß wir fordern. Jeder Satz im »Vaterunser« ist durch ein Verlangen, ein Fordern, eine gebieterische Bitte gekennzeichnet. »Dein Reich komme!« »Gib uns unser täglich Brot!« »Führe uns nicht in Versuchung!« Alle diese Sätze haben befehlende Form. Es ist nicht der Ton unterwürfiger Bitte – sie stimmen eher mit der Festigkeit des christlichen Gebots überein: »Bittet, so wird euch gegeben; klopfet an, so wird euch aufgetan!« Die Worte Christi: »Dein Wille geschehe wie im Himmel so auch auf Erden!« erbitten es vom Unendlichen nicht als besondere Begünstigung, daß seine Absichten und Pläne verwirklicht werden mögen. Sie sind vielmehr ein ernstes Verlangen, ein Fordern aus einer Kraft und Weisheit, die Christus unendlich höher wußte als seine eigene Kraft und Weisheit.

Wenn eine Seele im tiefsten erweckt ist und ausruft: »Was soll ich also tun, um das Heil zu erlangen?« –: dann hat diese Frage die Fesseln der unterwürfigen Bitte schon hinter sich geworfen. Sie ist zum ernsten Verlangen geworden. Die Seele fordert. Und das ist der Geist, den die erhabenste Kraft von uns verlangt, ehe sie uns geben kann, was sie uns zu geben willens ist; und wovon sie weiß, daß wir es am nötigsten brauchen. Wenn du jemandem etwas wahrhaft Gutes zu erweisen gesonnen bist, willst du, daß er den Wert dessen, was du ihm zubestimmst, geziemend schätze und das Gute, das ihm aus der Gabe fließen soll, recht empfinde. An ihm ist es also, nach solcher Gunst ernsthaft und würdig zu verlangen. Es muß ihm aus edlem Wollen etwas daran liegen, sie zu erlangen.

So fordert der Unendliche von uns das ernsthafte Verlangen nach dem Guten, das er uns erweisen will. Und es ist nicht Mangel an Ehrfurcht, wenn wir, jeder, sagen: »Ich bin ein Teil des Alls und gehöre zum All, und Weltseele ist auch in mir. Ich verlange deshalb aus dem unerschöpflichen All alle Kraft und Weisheit, die ich in dieser Stunde aufnehmen und nutzen kann.

Ich verlange nach noch höheren und gottähnlicheren Eigenschaften, denn in dem Maße, wie Gott den Teil von sich, der ich bin, besser und glücklicher macht, kann ich, dieser begrenzte, aber stetig wachsende Teil, seine Herrlichkeit offenbaren. Ich muß auswirken und offenbaren, was immer ich vom Unendlichen bin!«

Als Christus damals in Worten eine Geisteskraft verlebendigte, die das »Wunder« vollbrachte, tat er es gleichsam im Geiste des Befehls. »Jüngling, ich sage dir, stehe auf!« gebot er dem Toten von Nain. Und bei Matthäus heißt es: »Und er stand auf und bedrohte den Wind und das Meer: da ward es ganz stille.« Zeitalter vor Christus schon vermochte das gebieterische Fordern einzelner Ereignisse zu schaffen, die den Gesetzen der Natur scheinbar widersprachen. So gebot Moses den Wassern des Roten Meeres, sich zu teilen und die Kinder Israels trockenen Fußes hindurchzulassen. Er schlug auf den Felsen und gebot dem Wasser herauszufließen. Josua befahl der Sonne: »Sonne, steh still über Gibeon!« Lies die Geschichte all dieser Taten, und du wirst finden, daß sie aus dem gebieterischen oder inbrünstig fordernden Geist des Menschen heraus ursächlich bewirkt wurden. Ich sage: – »durch den Geist« – denn das »Wunder« vollbringt nicht der Mensch und nicht sein Geist: Es sind Geist und Kraft des

Allerhöchsten, die durch den Menschen wirken wie der Dampf auf die Maschine. Nicht die Lokomotive, das wissen wir, schleppt den Zug, sondern die Kraft des Dampfes.

Wir stehen in einer einigermaßen ähnlichen Beziehung zum Weltgeiste. Wenn wir Kraft von ihm verlangen, wird sie uns zuströmen und Werke durch uns tun. Ein Gedanke hat genau so viel Wirkungskraft, als Verlangen in ihn gelegt wurde. Die Kraft des Allerhöchsten ist es, die sich der Kraft unseres Verlangens bedient – nicht wir. Und je mehr Wahrheit in einem Gedanken lebendig ist, desto mehr »Gott« ist in ihm. Und je mehr Verlangen in ihm lebendig ist, desto mehr vollbringt er in seiner Auswirkung durch den Menschen. Die Eingebung, die große Dinge findet oder schafft, das, was wir Genie nennen, strömt aus der Kraft des Verlangens. Es ist ein gebieterischer Geist, eine gebieterische Kraft, ein Befehl gleichsam, der dann an den Menschen ergeht und ihm unentrinnbar auferlegt zu schreiben, zu erfinden oder etwas zu vollbringen, was nie zuvor vollbracht wurde.

Solche Gedanken oder Kräfte wirkten auf Shakespeare und zwangen ihn, zu schreiben, Ideen auszusprechen. Er war nicht der Schöpfer dieser Ideen, noch wußte er zu sagen, wer ihr Schöpfer sei. Sie kamen fertig zu ihm, kamen mit gebieterischem Pochen an seine Tür, begehrten Einlaß und wollten in Worten ausgesprochen sein. Und Shakespeare würde sich elend gefühlt haben, hätte er sich versagen müssen, sie niederzuschreiben. Shakespeares Werke kamen aus der gleichen Kraft, die alle Wunder vollbrachte, die alten wie die neuen; es war die Kraft einer Idee, die auf den Menschen wirkte und von ihm ausgesprochen zu sein verlangte. Solche Ideen geben dem Menschen nicht eher Ruhe, als bis er beginnt, sie auszuwirken. Sie zwangen Watt und Fulton zur Erkenntnis und Anwendung der Dampfkraft. Sie zwangen Franklin, Morse, Edison und andere, die Wunder wahrzumachen, die in der Elektrizität unsichtbar-sichtbar ruhten. Sie haben jedem Erfinder, Entdecker, Dichter, Schriftsteller und Künstler Eingebungen und Werke aufgedrängt, die Wunder sind wie jene, von denen uns das Alte und Neue Testament erzählen. Es sind die Befehle des unbegrenzbaren Geistes an die begrenzte Erkenntnis des Menschen. Doch diese Befehle ergehen erst an uns, wenn unser Geist nach ihnen verlangt.

Es strömt heute eine mächtigere Geisteskraft unserem Planeten zu als je zuvor. Sie ist ihrer Natur nach ebenso gebieterisch wie verlangend. Sie wird dem Menschen ein neues Leben offenbaren, eine neue Bedeutung des Lebens und eine neue und bessere Art zu leben. Sie wird sehr viel von dem abschaffen, was uns heute zu Behagen und Annehmlichkeit unentbehrlich erscheint; denn sie wird uns Besseres lehren. Immer gewaltigere Dinge werden durch uns getan werden, je mehr wir die Fähigkeit zum Empfangen in uns steigern. Bewahren wir dies im Geiste. Wir werden dadurch gleichsam zu Kanälen der Kraft Gottes, die immer mächtiger durch uns sich offenbaren wird.

Ein großes schweigendes Verlangen strömt heute aus Millionen Herzen. Diese Herzen sprechen im Schweigen: »Unsere Religion befriedigt uns nicht. Sie heilt die Kranken nicht. Sie gibt uns keine gesunden Körper. Wir wissen nichts Sicheres über unser künftiges Sein. Sie offenbart nichts Neues. Während der Predigt des Wortes geschehen keine Zeichen und Wunder. Unsere Freunde sterben einer nach dem andern. Das Grab schließt sich über ihnen, und wenn wir nach ihnen fragen, erhalten wir nur die althergebrachte, immergleiche Antwort!« – Dieses große schweigende Verlangen entströmt Tausenden bei Tag und Nacht: eine mächtige, unsichtbare Kraft, die Ergebnisse zeitigt, mögen nun die Verlangenden darum wissen oder nicht. Denn wenn wir ein Ding, das wir verlangten, auch eine Zeitlang vergessen: die schaffende Kraft unseres Verlangens wird dadurch nicht gemindert und bringt uns endlich das Verlangte. Solches Verlangen ist in vielen lebendig, die kaum wagen, es sich einzugestehen. Wir versuchen oft, Gedanken und Sehnsüchte, die uns ergreifen wollen, abzuweisen. Aber sie kommen wieder und immer wieder. Sie wollen nicht abgewiesen sein, denn sie sind gebieterische Kräfte, die an unsere Türen pochen und Einlaß begehren. Sie können so jahrelang zu uns kommen, ehe wir anderen gegenüber von ihnen sprechen. Ja, es kann geschehen, daß wir ihre erste wörtliche Bekanntschaft erst machen, wenn sie ein anderer ausspricht oder in einem Briefe, einer Zeitung, einem Buche mitteilt: Wir rufen dann voll Staunen: »Diese Gedanken denke ich ja schon seit Jahren!« Und solch schweigendes Verlangen gibt allen Formen der heutigen religiösen Bekenntnisse eine tiefere Bedeutung und Erklärung. Diese Bekenntnisse wurzeln ja alle in der Wahrheit. Aber die Wahrheit steht nie stille. Sie wirkt immer mehr in die Breite und Tiefe und »macht alle Dinge neu«. Die Religion oder das Gesetz des Lebens wurzelt nicht wie der tote Pfosten im Erdboden in einer überlieferten Auslegung des Wortes. Die Religion ist wie ein Baum, der, ewig lebendig, ewig neue Zweige und Äste treibt.

Es gibt Befehle Gottes, die uns sagen: »Du sollst

mehr von Mir wissen. Du sollst aufhören, einen Laut anzubeten. Du sollst Mich durch eine täglich sich erhöhende Bewunderung und Verehrung der millionen- und abermillionenfachen Wesensformen, in denen Ich Mich stofflich offenbare, anbeten. Verlange die Kraft von Mir, und Ich werde neue und immer neuere Sinne schaffen, die dich in Blättern und Bäumen, in Felsen und Steinen, in Sonne, Schnee und Regen neue Dinge und neue Entzückungen sehen und fühlen lassen werden. Ich will dich so veredeln, daß du der Mächte und Kräfte und aller schönen Dinge um dich herum, von denen du heute keinen Begriff hast, bewußt wirst. Ich will dir Macht über deinen Körper geben, so daß du ihn nie verlieren kannst, und Ich will dich erkennen machen, daß der letzte große Feind, der überwunden werden muß, der Tod ist!«

Jeder Mensch ist eine Offenbarung Gottes. Gott schuf den Menschen sich zum Bilde. Wir müssen uns darum nicht zu Bettlern machen, wenn wir unseren Teil an Wissen, Kraft und Weisheit des Unendlichen beanspruchen. Wir beleidigen damit den Unendlichen. Wir vermindern die Kraft des Unendlichen, die durch uns wirkt. Denn Mangel an Ehrfurcht vor uns selbst ist Mangel an Ehrfurcht vor ebensoviel Gott, im Fleisch offenbart. Der blinde, zage Geist, der sich vor dem Höchsten erniedrigt, ist nicht wahrhaft ehrfürchtig. Wahre Ehrfurcht gründet sich auf die Fülle der Verehrung und Erkenntnis der wunderreichen ewigen Kräfte und Eigenschaften im Höchsten. Je mehr wir nach dieser Erkenntnis und Verehrung verlangen, desto größer wird unsere Ehrfurcht vor dem endelosen Geiste, der da sagte und sagt: »ICH BIN, DER ICH BIN!«

# Kraft

Wenn man eine Arznei entdeckte, die jedem, der sie einnimmt, Kraft und Willen, Charakter, Tüchtigkeit, Macht und Einfluß auf andere verliehe – diese Arznei würde reißenden Absatz finden!
Aber merk auf: Du kannst alles das erlangen und unverlierbar bewahren – Kraft, Tüchtigkeit, Charakter –, wenn du deinen Geist in einem bestimmten Zustande erhältst!
Du mußt den Wunsch nach Kraft stetig im Geiste tragen!
Der Wunsch nach etwas ist eine Kraft, die dieses Etwas – sei's zum Guten oder Bösen – uns zu eigen macht.
Kraft ist eine unsichtbare Substanz, aber so wirklich wie jede sichtbare.
Je mehr du von ihr erlangen willst, um so mehr Macht sammelst du in dir, die Substanz Kraft an dich zu ziehen. Denn Gleiches zieht Gleiches an: Dieses Wort gilt für alle sichtbaren und unsichtbaren Elemente.
Quecksilberkügelchen ballen sich durch Vereinigung zur Masse. Bäume der gleichen Gat-

tung wachsen nebeneinander. Schafe gesellen sich zu Schafen – und nicht zu Kühen, Landstreicher zu Landstreichern.
Der verzagte, schwache, kleinmütige, kühnen Aufschwungs unfähige Mensch läuft zu seinesgleichen, und der Mann entschlossener Tat findet gewiß seinen Artgenossen.
Was ist Kraft?
Wenn du Vertrauen, Energie und Begeisterung für deine Pläne, trotz aller Teufel vom geraden und krummen Horne, die dich hindern und hemmen wollen, bewahren kannst, so hast du Kraft.
Wenn du nach einigen Versuchen entmutigt, unbeherzt und kleinmütig wirst, so hast du keine Kraft.
Der Hausierer, der von Tür zu Tür strebt und – möge man ihn verdrossen abweisen, rauh anfahren oder gar die Türen vor der Nase zuschlagen – in gelassener, guter Laune seine Ware immer neu anbietet: dieser Hausierer hat Kraft. Er wird ein großer Kaufmann werden!
Es war Cyrus West Fields zähe Kraft, die zuletzt das atlantische Kabel zum Erfolg führte, trotz Fehlschlag auf Fehlschlag, Riß und Bruch, Schimpf und Geheul der verzweifelnden Anteilbesitzer.
Die Eigenschaft Fields war eine spirituale Kraft, und die Kraft, die ein Unternehmen plant,

gründet und zum Erfolg führt, ist abermals eine spirituale Kraft. Das eigentliche Herz, die Wurzel, der Ursprung und Eckstein dieser Kraft liegen aber in dem ruhevollen, ausdauernden Entschluß: Kraft haben zu wollen!
Oder darin: daß du dich eine stetig zunehmende Kraft weißt und dich als sie erschaust.
Kraft ist das Vermögen, Entmutigung schnell abzuschütteln. Kraft ist die Macht, die dich nach einer Nacht der Verzweiflung und der Tränen mit neuer Hoffnung und Zuversicht erfüllt; die dir neue Pläne und Ideen schenkt, Möglichkeiten und Aussichten eröffnet. Kraft hat die Eigenschaft, dich aus fruchtlosem Sinnen und Brüten über Irrtum und Enttäuschung zum Mute aufzurütteln und an sicherer Hand glücklichen Straßen des Erfolges zuzuführen. Kraft läßt dich den Erfolg schauen – sie verhüllt das Mißlingen deinem Auge. Jeder Kaufmann von Erfolg gebietet über dieses wichtigste Element. Es ist eine spirituale Kraft – mag sich der Gute oder Schlechte ihrer bedienen: der Samaritaner oder der Pharisäer; die Gilde männlicher oder weiblicher Klatschmäuler, die irgendeines Menschen Charakter in Stücke redet und ihm so einen Geistesstrom übermittelt, der ihn schädigt (denn auch dies ist Kraft!); oder der Kreis edler Freunde, deren Unterhaltung das Wohl der Welt will.

Du kannst, wenn du allein bist, immer mehr von dieser Eigenschaft empfangen, wenn du nach ihr begehrst. Aber wenn du mit anderen, die an die Wahrheit des Gesetzes glauben, vereinigt um Kraft bittest, wirst du noch viel mehr dieser Kraft empfangen. Ja, je mehr ihr seid, um so kräftiger wird eurem vereinigten Rufe nach Kraft geantwortet werden. Christus sagte einst: »Wo zween oder drei versammelt sind in meinem Namen, da bin ich mitten unter ihnen!«

Kraft ist ein Element, das die Furcht verjagt. Es ist das Element, das dir Haltung und Sicherheit des Betragens gibt. Wenn du es in dir mehrst, kannst du denen standhalten und die Stirne bieten, die dich einst durch die Kraft eines stärkeren, tyrannisch gebrauchten Willens eingeschüchtert und kleinlaut gemacht haben. Ein solcher Wille wird gegen jeden mobilisiert, der in der Welt vorwärtskommen will! Und wie gütig und gefällig du auch gegen andere sein magst: wenn dir die Kraft fehlt, dich zu behaupten und dein Recht zu vertreten, wenn dich ein Anschnauzen, ein Stirnrunzeln oder Hohnlächeln zeitweilig um den Verstand bringt, kannst du in der Welt nicht vorwärtskommen, und was dir rechtmäßig zukäme, wirst du nicht erlangen!

Kraft ist die Eigenschaft oder das Element, das im Falle eines plötzlichen erschütternden Ereignisses, eines Unglücks oder unerwarteten Mißerfolges dich wiederfinden und zusammenraffen, alle Störung vergessen und mit neuem Mute weiterschreiten heißt. Kraft ist ein geistiges Element, dem sich die Materie beugen muß.

Warum uns Kraft wird, wenn wir im Geiste um Kraft bitten oder nach ihr verlangen, ist ein Geheimnis. Und wird es wahrscheinlich ewig bleiben. (Es ist gar nicht wünschenswert, immer darauf aus zu sein, Geheimnisse zu ergründen. Das Geheimnis des Lebens wird mit jedem Tage unergründlicher. Und wer es ergründen will, versucht die Grenzen des Grenzenlosen zu finden!) Uns kann es daran genug sein, zu wissen, was uns heute, in dieser Stunde und an diesem Tage gut- und nottut: Es sind erstaunlich wenige unter uns, die von dieser allernächsten Wissenschaft etwas wissen! Wahrheit ist aber, daß wir durch unsere einfache Bitte um Kraft immer mehr und mehr davon erlangen können. Ja, es liegt innerhalb der Möglichkeiten des menschlichen Geistes, sich so sehr mit Kraft zu erfüllen, daß er die stoffliche Welt völlig unterwerfen und beherrschen kann. Worten wie diesen: »So ihr Glauben habt als ein Senfkorn, so möget ihr sagen zu diesem Berge: Hebe dich von hinnen dorthin, so wird er sich heben!« oder »Ich habe euch Macht gegeben zu treten auf Skorpione!« – solchen Worten wohnt tiefste Wahrheit inne.

Es begeistert, eine gewaltige Dampfmaschine am Werke zu sehen, die Tonnen Eisens – die zu heben hundert Männer kaum imstande wären – mit der Elastizität von Gummibällen aufsteigen und herabfallen zu sehen. Es begeistert der unaufhörliche Fall der Wasser des Niagara. Denn die Liebe zur Kraft und zum Gewaltigen liegt in der menschlichen Natur. Wenn wir der Betrachtung solcher Schauspiele der Kraft hingegeben sind, verbindet sich unser Geist inniger mit dem Elemente der Kraft und nimmt mehr und immer mehr von diesem Elemente auf. Unsere Begeisterung durch die Kraft ist zugleich unser Gebet, unser Begehren nach Kraft, und ihnen wird im selben Augenblick entsprochen. Es liegt ein großer Gewinn darin, das Anschwellen und Heranrollen und die Brandung der Ozeanwellen gegen die Felsenküste zu beobachten. Die Ruhe und der Friede, die träumerische Stimmung, die dich am Meere überkommen kann, zeigen, daß du das Element seiner Kraft in dich aufnimmst. Du nimmst eine spirituale Eigenschaft in dich auf, und wenn du von ihm gehst, hast du eine Kraft empfangen, die du in deinem Berufe verbrauchen kannst.

Und wenn du nachts – und sei's nur für einen Augenblick – die Augen zum Firmament mit

seinen zahllosen Sternen erhebst und dir vorzustellen versuchst: wie dies alles Sonnen sind, um die andere Erden kreisen, und wie all die zusammengefaßte Kraft von Strömen, Niagaras und Ozeanen auf unserer kleinen Erde, verglichen mit der Kraft, die da ober uns im Raume am Werke ist, nicht mehr ist als die schwache Kraft einer Fliegenschwinge: dann hast du abermals einen reichen Augenblick wahrhaften Empfangens des begehrten Elementes verlebt.
Dies ist ein Weg, Kraft zu erlangen. Du betest dann um Kraft. Denn alle hingegebene Bewunderung ist wahre Anbetung. Und alle wahre Anbetung ist Begehr und Verlangen nach dem Wesen dessen, das im Angebeteten bewundert wird.

# Sehet die Lilien ...

Ich möchte jedermann eine Predigt über den Text halten: »Sehet die Lilien auf dem Felde, wie sie wachsen: sie arbeiten nicht, auch spinnen sie nicht. Ich sage euch aber, daß auch Salomo in aller seiner Herrlichkeit nicht bekleidet gewesen ist wie derselben eine!« – Denn dieser Text enthält nichts, was irgendwem unangenehm sein könnte. Es ist keine Predigt der Drohung oder Warnung, wohl aber eine Predigt der Hoffnung. Wir sind ein niedergeschlagenes Stück Land. Und wir sind dies hauptsächlich auch deshalb, weil uns alle Predigt der Vergangenheit gesagt hat, wie schlecht wir seien und was uns alles geschehen würde, wenn wir in unserer Schlechtigkeit verharrten. Man hat uns so wenig darüber gesagt, daß wir auch sehr viel Güte und Kraft in uns haben. Wir sind schlecht gewesen, reichlich deshalb, weil so viele Prediger schlecht von uns gedacht und uns auf diese Weise schlecht von uns selber denken gemacht haben. Menschen, die schlecht von sich selber denken, sind aber so ziemlich sicher daran, auch schlecht zu handeln. Die Schrift sagt: »Wie der Mensch denkt, so ist er!« Darum, wenn ein Mensch armselig von sich selber denkt, geht er hin und betrinkt sich oder tut sonst etwas Gemeines. Der Stolz, der den Menschen sich selber schätzen heißt, ist zugleich der Stolz, der ihn vor gemeinen und herabwürdigenden Handlungen bewahrt. Unser Geschlecht ist aber bereits dahin gelangt, zu der Tatsache erweckt zu werden, daß jeder Mann und jede Frau größere Kräfte besitzen, als sie heute wissen; und daß Mann und Frau, wenn sie diese Kräfte erst recht zu nutzen verstehen, aus allem Übel heraus und in alles Gute hinein gelangen werden.

Eine Lilie oder eine andere Pflanze oder Blume wächst und verschönt sich nach dem Gesetz des Weltalls – genauso wie Mann oder Frau es tun; und Mann oder Frau wachsen und sind alle die ungezählten Zeitalter hindurch genauso sehr gewachsen wie die Lilie.

Es ist ein großer Irrtum, anzunehmen, ein Mann oder eine Frau von gewöhnlichem Verstande seien das Ergebnis dieses einen kurzen Lebens, das sie hier leben. Wir alle haben – und möglicherweise sogar in verschiedenen Formen – bereits gelebt: als Tier, Vogel, Schlange, Insekt oder Pflanze. Möglicherweise. Unser Keim entstand einst am Meeresgrunde, er lag eingebettet zwischen Eisbergen, ward inmitten von Feuer,

Rauch und Asche aus Vulkanen gespien. Das Weltmeer schaukelte ihn herum, und er lag dann vielleicht für Jahrhunderte und Aberjahrhunderte im Herzen eines postpliozänen Berges verborgen. Wir krochen und krochen empor, nun in dieser Form, dann in einer anderen, gewannen durch jede Verwandlung immer etwas mehr an Intelligenz und Kraft, bis wir endlich dort angelangt waren, wo wir jetzt sind – ohne dabei sonderlich weit gekommen zu sein!

Die Lilie hat ein ihr eigentümliches Leben und eine ihr eigentümliche Intelligenz. Du bist vielleicht in diesem Punkte nicht meiner Meinung, ja, ich erwarte, daß du es nicht bist. Glauben doch die meisten Menschen, »Intelligenz« sei einzig dem homo sapiens vorbehalten und alles, was ihr in einem Tiere oder in einer Pflanze ähnlich sehe, sei lediglich »Instinkt«. Ich, für mein Teil, glaube nun, daß Intelligenz so gemeinsam sei wie Luft; nur daß in bestimmten Formen des Lebens davon weit mehr vorhanden sei als in anderen. Unter allen Gebilden der Erde hat der Mensch am meisten von ihr. Das heißt, er hat am meisten dessen, was wir »Denken« nennen – eine höchlichst feine und mächtige Substanz, den äußeren Sinnen unsichtbar und unfühlbar. Je mehr nun ein Mensch von dieser Substanz sein Eigen nennt, desto mehr Leben ist in ihm. Denkende Menschen leben am längsten. Aber unter denkenden Menschen verstehe ich hier nicht Gelehrte oder Bücherwürmer. Denn was diese Würmer anbetrifft, so denken viele von ihnen absolut nicht. Unter denkenden Menschen verstehe ich jene, die immer ein frisches und schöpferisches Denken gleichsam aus sich empfangen. Diese Art Leben oder Denken (ich gebrauche hier auswechselbare Bezeichnungen) erneuert Körper und Geist.

Die Lilie hat Intelligenz genug, um aus dem Samen aufzubrechen, wenn er in die Erde gelegt und von der Sonne angerufen wird. Aber der Mensch hat die gleiche Intelligenz (oder sollte sie haben), um an einem schönen Tage in die Sonne zu gehen und das Leben und die Kraft aufzunehmen, die ihm von der Sonne gegeben werden. Und wenn er es nicht tut, wenn er fünf Sechstel seiner Zeit in der Stube verbringt, ist er eben schwach und bleich wie eine Kartoffelstaude, die man im Keller pflanzt. – Die Lilie hat weiters Verstand genug, um in der Sonne zu wachsen. Wenn du sie im Zimmer ziehst, wird sie nach jener Seite hin wachsen, von der das Licht hereinströmt. Dies tut sie einfach deshalb, weil sie das Licht braucht. Sie weiß, daß sie es braucht, und sie verlangt nach dem, was sie

braucht. Denn die Erfahrung hat sie gelehrt, daß das Licht ihr guttue.
Wir suchen aus ganz genau dem gleichen Grunde nach Nahrung, nur nennen wir unser Tun das Ergebnis der Intelligenz. Das Tun der Pflanze nennen wir aber Instinkt. Ein Mensch geht ans Feuer, um sich zu wärmen, denn er fühlt, daß ihm das Feuer guttue. Es ist angenehm, es an einem kalten Tag zu fühlen. Eine Katze liegt aus dem gleichen Grunde in der Sonne. Aber der Mensch bezeichnet sein Gefühl als »Intelligenz«, während er jenes der Pflanze oder der Katze »Instinkt« benennt. Worin liegt nun der Unterschied? Nun, die Lilie mit ihrem beschränkten Leben, ihrer beschränkten Intelligenz ist uns voraus – weil sie sich nicht darum bekümmert oder ängstlich sorgt, was morgen sein wird. Sie plackt sich nicht ab. Sie nimmt aus Wasser, Luft und Sonne und was sonst an Elementen in diesen sein mögen, genau so viel, wie sie für die Minute, die Stunde oder den Tag nötig hat. Genau so viel und nicht mehr. Sie arbeitet nicht, um sich an Wasser, Luft oder Sonne einen Extra-Vorrat für morgen anzulegen, aus Furcht, es könnte morgen vielleicht weder Wasser noch Luft oder Sonne geben; so wie wir arbeiten und spinnen und unseren Extra-Verdienst gegen die Armut anlegen, die wir fürchten. Wenn eine Lilie dies

täte, würde sie all ihre Kraft im Anhäufen solcher Extra-Vorräte verbrauchen und niemals eine vollkommene Lilie werden können, die Salomo in all seiner Herrlichkeit überstrahlt.
Das Kleid einer Lilie, ciner Rose oder einer anderen Blume ist an Schönheit, an Feinheit des Gewebes, an Zartheit allem überlegen, was menschliche Kunst hervorbringen kann. Unsere feinsten Spitzen, unsere Seiden sind von einer verhältnismäßig toten Schönheit. Sie beginnen zu verfallen und zu welken, sobald sie fertiggestellt sind. Aber die Schönheit der Lilie entfaltet sich bis zum Zustande ihrer höchsten Blüte immer herrlicher. Ein Stoff, der morgen einen leuchtenderen Glanz hätte als heute und ähnliche veränderliche Farbenspiele des Gewebes zeigte, würde gierig gesucht werden, und wenn er auch nur vierzehn Tage überdauerte. Die verschwenderischen Leute, die eigentlich die Mühlen im Gang und das Geld im Umlauf erhalten, the upper ten thousand, die für die besten Dinge die höchsten Preise zahlen, würden ihn tragen.
Würde die Lilie mit ihrer beschränkten Intelligenz von der Furcht beunruhigt und geplagt, die Sonne könnte morgen nicht scheinen oder es gäbe kein Wasser mehr oder kein Geld im Hause oder keine Kartoffel im Keller – sie wäre gewiß eine niedergeschlagene, hilflos und ver-

lassen dreinblickende Blume. Sie würde die Kraft, die sie zum Einsammeln und Aufnehmen jener Elemente verbraucht, die ihr nötig sind, um eine Lilie zu werden, in Angst und Ängstlichkeit verbrauchen. Wenn Geist oder Intelligenz auch nur im geringsten Grade sich solcherart beunruhigen oder Lasten auf sich nehmen, die die »Forderung des Tages« übersteigen, werden sie sich selbst um die Fähigkeit bringen, an Gesundheit, Kraft und Gedeihen für den Tag aufzunehmen, was ihnen wirklich nötig ist. Ich meine hier genau das, was ich sage, und verberge dahinter nichts Metaphorisches, Allegorisches oder Figürliches. Ich meine, daß, wie der Lilie beschränkte Intelligenz oder Geisteskraft, wenn du es so nennen willst, unbeschwert und unbelastet von allem, was das Morgen anbetrifft, einzig die Elemente aufnimmt, die sie für heute braucht, ebenso die menschlichen Geister, wenn sie von Sorge und Ängstlichkeit frei sind, alles erlangen werden, dessen sie bedürfen. Denn die Bedürfnisse der Stunde sind die einzig wirklichen Bedürfnisse. Du brauchst am Morgen dein Frühstück; aber du brauchst nicht heute schon das Frühstück des morgigen Morgens. Doch neun unter zehnen von uns sind, mittelbar oder unmittelbar, irgendwie wegen des Frühstücks des morgigen Morgens beunruhigt. Auf diese Weise bringen wir uns mehr

oder weniger um die Kraft, die wir zum Genuß, zur Verdauung und zur Aufnahme des heutigen Frühstücks nötig haben.
Wie nun die unbeschwerte, ungeängstigte und sorglose Lilie die Kraft aufnimmt, um zu wachsen und sich aus den Elementen um sich herum in Schönheit zu kleiden, so nimmt auch der sorglose, ungeängstigte Menschengeist tausendfach mehr davon auf, was ihm zur Ausführung seiner Pläne nötig ist, was ihm zu seinem Glücke hilft. Du verlierst diese Kraft im Augenblick, wo du beginnst, dir Kummer zu machen. Ich meine hier die Kraft, um irgend etwas zu vollbringen, sei's Predigen, sei's Straßenkehren, sei's Bildhauen. Jeder Kaufmann weiß, daß er sein Geschäft am besten führt, wenn er sich eben ganz darauf einstellen und alles andere ausschließen kann. Jeder Künstler weiß, daß er sein Bestes nur leistet, wenn sein Geist gänzlich dem Werk der Minute hingegeben ist und vom Werk der Minute verbraucht wird. Er ist dann befähigt, all seine Kraft hinzugeben und, was mehr ist, er zieht so höhere Kraft an sich, denn Kraft, die so empfangen wird, verbleibt für immer.
Ich höre dich sagen: »Ich kann mich von aufreibender Sorge nicht befreien. Die Zeit ist schwer, das Einkommen gering, das Leben so teuer. Meine Familie ist groß und muß wohnen,

ernährt und bekleidet werden – und alles das lastet Tag und Nacht auf mir. Und da redest du, unter solchen Verhältnissen, von Unbekümmertheit! Alles Unsinn, mein Lieber, Unsinn!«
Du siehst, mein Freund, ich habe dir das volle Gewicht deiner Entgegnung zuzugestehen versucht. Wenn du noch mehr sagen willst, bitte, tue es. Es ist nämlich genauso ein Unsinn, zu behaupten, du könntest dich, zumindest in der Gegenwart, von aufreibender Sorge *nicht* befreien! Doch diese Frage ändert an dem Ergebnis nichts, das da heißt: Kraftverlust durch diese Sorge, tatsächlicher Schaden an Gesundheit, Altern des Körpers und, schlimmer als alles, Verlust oder Abschneidung deiner selbst von der anziehenden Kraft des Geistes, die dir, wenn ihr das freie Spiel wie bei der Lilie gewährt ist, alles gibt, was du nur den Tag über genießen kannst, weil du eben nur genau soviel genießen kannst, wenngleich du zehntausendmal soviel hast oder zu haben glaubst. Ein Mensch kann zur rechten Zeit nur ein einziges Mittagsmahl essen und recht genießen, und wenn er auch Geld genug besäße, um sich Tausende kaufen zu können.
Wenn du dich inmitten eines Menschenhaufens befindest, den eine Panik ergriffen hat, mußt du tun wie alle andern und wirst dabei vielleicht zertreten. Das Leben, wie es jetzt von Tausen-

den gelebt wird, ist ein solcher panikergriffener Menschenhaufen, der den kommenden Mangel oder sonst irgend etwas fürchtet. Furcht aber, aus welcher Ursache immer, entkräftet. Ich sage nicht, daß die Menschen aufhören sollen, sich der Sorge hinzugeben. Ein Wort wie »sollen« steht nicht in meinem Wörterbuche. Die Gewohnheit ist uns angeboren. Unsere Väter haben sich, geschlechterlang vor uns, gesorgt. Aber das ändert ganz und gar nichts an den zerstörenden Ergebnissen des »Sorgens für morgen«. Das darin inbegriffene Gesetz tut seine Wirkung und ist in dieser Wirkung unbarmherzig. Es wird dich auf seinem Wege so gewiß überfahren und zermalmen, wie es die Lokomotive tut, der du dich im Geleise entgegenstellst. Du kommst am besten dabei weg, wenn du aus dem Gesetze möglichsten Vorteil ziehst und auf seine rechte Seite zu gelangen trachtest.

Wie das zu machen? Denke hoffnungsvolle Dinge statt hoffnungsloser Dinge! Denke Erfolg statt Mißlingen! So gewiß das Universum nach festen und unveränderlichen Gesetzen regiert ist, so gewiß wird das Gesetz geschrieben gefunden werden: »Wenn du helle Dinge denkst, ziehst du helle Dinge an dich heran! Wenn du dunkle Dinge denkst, zerschneidest du die unsichtbaren Verbindungsdrähte mit den hellen Dingen und schaffst augenblicklich eine Verbindung mit dem ›grand circuit‹, dem großen Stromkreis, der die dunklen Dinge anzieht.«

Vielleicht wirst du sagen, alles dies sei etwas sehr Einfaches? Nun, das Aufsprossen eines Samens wird von vielen Leuten etwas sehr Einfaches genannt, obgleich niemand die wirkliche Ursache dieses Aufsprossens kennt. Es ist von diesem Samen nur bekannt, daß er, in die Erde gelegt, wo er Sonnenwärme und etwas Feuchtigkeit findet, aufsprossen wird. Das Steigen und Fallen des Teekesseldeckels über dem Feuer gab James Watt einst die erste Vorstellung von der mächtigen Kraft des Dampfes. Das heißt, er empfing so den ersten Hinweis auf die Kraft im Dampfe oder, besser, hinter dem Dampfe, nämlich auf die Wärme. Aber hinter der Wärme ist abermals eine Kraft. Was ist das nun für eine Kraft? Wir wissen es nicht. Und doch ist das alles etwas sehr Einfaches!

## Die ewige Gerechtigkeit

Das Reich der Gerechtigkeit ist nicht fern von uns, weder räumlich noch zeitlich. Es ist da, ist in uns und offenbart seine Wirkungskraft heute so gut, wie es sie in aller Vergangenheit und an allen Geschlechtern offenbart hat. Es mißt durch ein unbegreifliches Gesetz allen Menschen Schmerz oder Freude zu, und seinem Gericht zu entgehen ist unmöglich. Dieses Gericht hat mit menschlichem Gesetz nichts zu tun. In seinem Vollzuge mag der, den die Menschen schuldig nennen, unschuldig sein und der Ankläger die Strafe empfangen. Es erklärt viele Dinge als Verletzungen des Rechts, die von Menschen ganz und gar nicht als solche erachtet werden.

Die Gerechtigkeit der erhabensten Kraft ist, wenngleich unfehlbar und allsichtig, voll Güte. Sie verhängt die Strafe nicht nur um der Strafe willen, sondern sie will durch sie den Menschen einem höheren Glücke zuführen. Sie meint es mit allen Menschen gut, sie will das Glück aller. Das Gesetz des Lebens und des Glücks ist wie ein gerader und schmaler Pfad. Sobald wir ihn

verlassen, stoßen wir auf Hemmungen und Schranken, auf Schmerz. Und jeder Versuch, diese Hemmungen und Schranken zu beseitigen, vergrößert unseren Schmerz.
Die Gerechtigkeit des Erhabensten sagt zu dir: »Du bist von der rechten Straße abgekommen. Auf dem Weg, den du da gehst, und auf die Art, wie du deine Kräfte gebrauchen willst, gibt es nur Schmerz und Unrast. Ich habe einen sicheren Pfad für dich. Von diesem Pfade kannst du allerdings nur soviel sehen, als du in einer Stunde oder an einem Tage zu wandern hast. Versuche nicht, deine Zukunft in Plänen und Karten auszumessen. Das ist meine Sache. Laß alles das mir über. Gib dich dem Verlangen hin, von mir zu erfahren, wohin du gehen und wie du in dieser Stunde oder an diesem Tage leben sollst. Gewöhne dich an diese Art Leben, bis sie deine zweite Natur geworden ist – und ich will dir, wie die Sonne der Erde für die Stunde Wärme zuströmt – für die Stunde und nicht für mehr – Weisheit senden, die dich die Stunde recht zu leben lehren wird.«
Jeder Schmerz, jedes Unbehagen des Körpers oder der Seele, ob heftig oder gering, ist ein Urteil, das über uns gefällt wird; aber nur zum Zwecke, um uns dort zu erhalten, wo wir einem immer höheren Glücke entgegenwachsen sollen. »Strafe« und »Züchtigung« sind herbe Ge-

danken, die aus der niederen, stofflich gerichteten Geistigkeit des Menschen stammen. Der Unendliche stellt sich uns hindernd entgegen, wenn wir von der rechten Straße abbiegen, er widerstrebt uns und unserem Wollen – und das ist oft schmerzhaft. Aber es ist nicht »Strafe« in dem Sinn, den der Mensch mit diesem Worte verbindet.
Wir bestrafen den Mann, der beim Diebstahl ertappt wurde. Aber die Ewige Gerechtigkeit, immer gütig, stellt auch den Mann, der stiehlt und nicht ertappt wird und so zu weltlichem Erfolg gelangt. Die Welt verehrt äußeren Erfolg. Doch die Ewige Gerechtigkeit plagt jenen Mann zuletzt mit irgendeiner Form von Schmerz oder Ruhelosigkeit. Der Dieb, den sie nicht fingen: der Ewigen Gerechtigkeit kann er nicht entwischen.
Die Ewige Gerechtigkeit sagt uns:
»Ihr sollt keinen anderen Gott haben als die Vervollkommnung eures Wesens. Sie muß euch mehr sein als Geld. Den gesündesten Körper zu erlangen und den hellsten Geist, das Wachstum und die Entfaltung eurer Kräfte zu fördern: das sind die Ziele eures Lebens. Strebt danach – ihr sollt von Zeit zu Zeit meine Zusprüche erfahren –, und es werden euch alle Dinge zukommen, deren ihr bedürft!«
Wenn wir zuerst und zuletzt den Gedanken an

Geld in unsere Seele senken, dann verhängt die Höhere und Wandellose Gerechtigkeit immer wieder Schmerz und Strafe über uns. Nimmt die Jagd nach dem Gelde einmal drei Vierteile unserer Tagstunden in Anspruch, dann werden wir in den Geldgeiststrom hineingezogen, wir befinden uns dann auf der ausgetretenen und vollgedrängten Allerweltsstraße von Sorge, Enttäuschung, Verfall und Tod. Es gehe um Gewinn oder Verlust: wo die Sorge oder Gier um Geld voran ist, dort altert der Körper. Geld, so gewonnen, macht den Menschen nicht glücklicher.
Die Ewige Gerechtigkeit sagt: »Ihr sollt nicht begehren!«
Du kannst durch Gesetz und Recht der Eigentümer eines Landes, ja eines ganzen Staates werden. Aber in Wahrheit sind weder Land noch Staat dein. Denn du kannst nicht mehr besitzen, als was du zu genießen und wahrhaft zu schätzen imstande bist. Du magst viele prächtige Häuser dein eigen nennen, Pferde, Karossen, Treibhäuser, Jachten und alles, was der Mensch sonst noch an Besitz anhäufen will. Aber du kannst nicht den zehnten Teil davon wirklich genießen oder gebrauchen. Der Rest ist Aufsicht. Und die bereitet, alles in allem, mehr Sorge als Vergnügen.
Die Ewige Gerechtigkeit sagt dir:

»Du versuchst gegen das Gesetz zu leben. Du willst dich dem Erhabensten nicht anvertrauen, auf daß Er dir die Güter gebe, wie sie dir not tun. Du kennst deine wirklichen Bedürfnisse nicht. Ich kenne sie. Du entscheidest dich dafür, die Sache selbst in die Hand zu nehmen und Güter für künftigen Bedarf aufzustapeln. Doch siehe, alles, was du nicht gebrauchen und genießen kannst, wird dich durch die Last der Sorge niederziehen, und die Sorge wird dir deine Kraft nehmen. Sie wird das Element des höheren Geistes, das deinen Körper mit neuem Leben erfüllen würde, ablenken, zerstreuen. Insoweit du dich durch den Versuch, die Sorgenlast zu tragen, erschöpfst, wird dein Körper schwach werden und verfallen. Du kannst auf diese Weise ein armer reicher Mann werden, siech und albern, unfähig zur Führung seiner Geschäfte, endend wie er einst begann – als Kind.«

Die Sache liegt beim armen Mann genauso wie beim reichen. Denn es macht keinen Unterschied aus, ob einer, anstatt das Ewige Leben zu suchen, armseligen zehn Dollars oder armseligen zehn Millionen Dollars nachläuft. Der Mammon des armen Mannes und der Mammon des reichen Mannes sind ein und derselbe Götze. Gewiß, Geld ist höchst wünschenswert. Es ist das Hilfsmittel, um vieles herbeizuschaffen, dessen der verfeinerte Geschmack und Geist bedürfen. Aber es darf das Geld Gott oder dem unendlichen Geist des Guten niemals vorangestellt werden. Das hieße, die Lokomotive hinter die Wagen stellen und die Wagen zur treibenden Kraft machen wollen. Auf solche Art wird auch unschätzbarer Reichtum weder Glück noch Gesundheit bringen. Nur wo der Geist voran ist, wird aus Tausenden weit mehr gewonnen, als der bloße Geldanhäufer aus Millionen gewinnen kann.

Wenn wir uns zur Ewigen Gerechtigkeit bekennen, flutet uns der Strom des Reichtums und Gedeihens unaufhörlich zu. Und wie uns dieser Strom unaufhörlich zuflutet, so fluten Reichtum und Wohltat unaufhörlich von uns, aber nur, um von anderen, reicheren Segnungen gefolgt zu werden. Unsere materiell gerichteten Geister wollen diesen Strom eindämmen. Wir fürchten, der Mississippi könnte austrocknen.

Die Ewige Gerechtigkeit läßt uns alle die kleinen Schulden empfinden, die wir anderen schulden mögen. Aber dies sind Schulden, die nicht in Geld, sondern nur in gütigen Gedanken bezahlt werden können.

Ein Baum ist am Wegrand gepflanzt, damit der Wanderer in seinem Schatten Kühlung finde. Am heißen Tag stehen wir im Schatten des Baumes und sind erfrischt. Und so schulden wir dem Menschen, der den Baum einst pflanzte, ein dankbares Gedenken. Wenn ein solches Gedenken urplötzlich und wie von selbst in uns aufsteigt und von uns geht, dann ist es eine Kraft, die uns guttut. Dankbarkeit ist eine freudegebende Empfindung. Ja, sie gibt dem Körper neues Leben, denn was wir empfinden, bestimmt unseren Geisteszustand und tut damit dem Körper entweder gut oder schlecht. Das Gefühl der Dankbarkeit baut auf und verjüngt. Unsere Dankbarkeit ist eine Kraft, die den Menschen erreicht, der den Baum pflanzte oder den Trinkbecher an den Straßenbrunnen hing oder im Zaun, der sein Feld umgrenzt, ein Türchen offenließ, durch das wir schreiten und so den Weg um eine halbe Meile abkürzen können.

Bedienen wir uns des Feldes oder Baumes jenes Landmanns ohne ein dankbares Gedenken, zahlen wir also unsere Schuld nicht ab, so gehen wir des angenehmen Zustandes verlustig, den uns die Empfindung der Dankbarkeit und des Wohllebens geben kann. Und die Erreichung angenehmer Gemütszustände oder Stimmungen muß den wünschenswertesten Dingen des Lebens zugezählt werden, denn sie tragen uns Gesundheit, Kraft und Lebensfülle zu – und mehr.

Wenn wir eine Annehmlichkeit mit dem Emp-

finden und Denken genießen: »Ah, der alte Jobber kann noch hundert Bäume pflanzen, er kann statt eines Fußwegs einen Schienenstrang durchs Feld legen lassen« –: dann senden wir eine undankbare, neidische, üble unsichtbare Kraft aus – und es bleibt ein Gefühl des Unbehagens, eine gestörte Stimmung in uns zurück. Wir öffnen Gemüt und Seele dem Geistesstrom des Neids und der Verdrossenheit, der immer mehr Neid und Böswillen heranträgt. Und so wird dem Körper Krankheit, der Seele und dem Gemüte aber Störung.
Wir werden irgendwie daran leiden. Und solches Leiden ist das Urteil, das die Ewige Gerechtigkeit über uns fällt, fällt in der Absicht, uns künftighin vor solchen Stimmungen zu bewahren.
Die Erhabenste Kraft hat den Menschen niemals bevollmächtigt, die Gerechtigkeit oder das Gericht in die eigene Hand zu nehmen. Wenn wir uns zur Autorität des Alten oder Neuen Testamentes bekennen, finden wir darin die Worte aufgezeichnet: »Richtet nicht, auf daß ihr nicht gerichtet werdet!« und »Mein ist die Rache, spricht der Herr.«
Die Erhabenste Kraft sagt uns:
»Ihr müßt immer nach dem Wissen von der Ewigen Gerechtigkeit verlangen. Ihr habt noch keine besseren Methoden zur Aufrechterhal-

tung der Gesellschaftsordnung gefunden, als Menschen für dasjenige, was ihr Vergehen und Verbrechen nennt, aufzuhängen, einzukerkern oder mit anderer Strafe zu belegen. Ihr schafft eure Gesetze immerfort, ohne an das große göttliche Gesetz und an die Kraft zu denken, die das Weltall geschaffen hat und die ewig nicht aufhören wird, das Weltall vollkommener und immer vollkommener zu machen. Eure Gesetze sind so zahlreich, so verworren und verwickelt, so verwirrend und vertrackt, daß in euren Gesetz- und Paragraphenbüchern eins übers andere stolpert. Es hebt eins das andere auf, es widerspricht eins dem andern. Euer System von Gesetzen ist ein Babel – eine Sprachenverwirrung. Weit entfernt, die Gerechtigkeit zu fördern und ihr zu dienen, ist es vielmehr eine größte Hilfe, um dem Kniff und der schlauen Auslegung vorübergehend zum Erfolg zu verhelfen.«

Bleiben diese Kniffe, diese listigen Künste unbestraft?

Keineswegs! In Wahrheit ist mit ihnen auch gar kein Erfolg erzielt worden. Denn der Erfolg eines Betruges wird nach ein paar Jahren schon mit einer kranken Seele und einem kranken Körper bezahlt. Die geistigen und körperlichen Kräfte nehmen ab, der Mensch verfällt, stirbt und verschwindet endlich für ewig, soweit der materiell gerichtete Geist eines solchen Menschen in Frage steht. Doch überlebt der wahre Geist, der Zeitalter hindurch dem Unendlichen näher strebt. So lehrt die Ewige Gerechtigkeit den Geist, seine Kräfte recht zu gebrauchen.

Warum ist es unrecht zu stehlen? Das Gesetz und die Gerechtigkeit des Menschen antworten: »Weil wir einem andern ein Unrecht zufügen, wenn wir ihm seine Güter nehmen!« Die Ewige Gerechtigkeit aber antwortet: »Darum, weil ihr, wenn ihr stehlt, euch selbst das größere Unrecht zufügt!«

Fragen wir, wie dies geschehe, so antwortet der Erhabenste:

»Verlange von Mir alle Dinge, und alle wahrhaft guten Dinge sollen dir werden! Erlange Dinge irgendwie anders – und sie werden dir nichts wahrhaft Gutes sein!«

Wir können dies kaum glauben, wenn wir uns, als Verhungernde, siech an die Mauer lehnen. Doch die gleiche Kraft, die dem Propheten in der Wildnis einst Raben zur Speise sandte und den Juden auf ihrem Wüstenzuge Manna schenkte: die gleiche Kraft lebt und wirkt auch heute noch im Weltall und um uns. Diese Kraft antwortet dem ernsten, inbrünstigen, ausdauernden Verlangen, dem »Gebet«. Sie war es, die einst dem Ruf des Moses und einiger weniger Männer, die ihr Verlangen mit dem seinen vereinigten, Antwort gab. Die große Masse der Kinder Israels wurde damals von der Kraft dieser Männer getragen, denn die jüdischen Scharen hatten nur wenig oder gar keinen Glauben an den Erhabensten oder an die Kraft des Verlangens – sowenig wie heute die große Masse irgendeines Volkes das Unsichtbare zu begreifen oder im Geist und in der Wahrheit an es zu glauben vermag.

Unserem leiblichen Auge scheint der Ungerechte »zu grünen wie der Palmenbaum«. Wenn wir klarer sehen, erkennen wir, daß sein Glück nicht größer ist als das anderer Menschen und daß in Wahrheit doch nur »der Gerechte grünet wie der Palmbaum und wächst wie die Zeder am Libanon«. Doch müssen wir fragen: Wer ist schlecht und ungerecht? Sündigen wir nicht alle auf irgendeine Art? Und welchen Beruf habe ich, der ich selbst ein Gesetz Gottes breche, meinen Nächsten, der ein anderes übertritt, zu richten?

Laßt uns nach jenem Geistesblick verlangen, der uns, soweit es der Unendlichen Weisheit gefallen mag, unsere eigenen Mängel erschließt und unsere Neigung mindert, nach den Mängeln anderer zu spähen und an ihnen zu leiden. Wenn wir uns unserer eigenen Fehler bewußt werden – es kann dies nur nach und nach geschehen –, dann werden wir uns nicht allzu strenge beurteilen. Denn dies wäre eine ebenso große Sünde wie jene, andere allzu strenge zu beurteilen. Ein hartes, unnachsichtiges Urteil gegen sich selbst, eine Züchtigung des eigenen Ich führt zu vernichtenden Urteilen auch über andere.

Die Ewige Gerechtigkeit ist unendlich barmherzig. Welches Recht haben wir denn, wir, die wir Gottes sind, mit hartem Urteil über das Eigen Gottes zu richten? Es war ein Irrtum der Einsiedler und Betbrüder, zu glauben, sie könnten ein Leben der Ausschweifung, darüber sie späte Reue packte, durch ein Leben der Kasteiung und Buße und Enthaltsamkeit von aller Freude versöhnen. Schmerz, den sich der Körper selbst auferlegt, tut dem Geist nicht gut. Das ist nicht Religion, ist nicht genährt von der Erhabensten Kraft. Es ist nur eine andere Form der Abhängigkeit vom Selbst, um Gott näherzukommen. Es ist des Heiden Selbstopfer und Selbstverstümmelung, um der Gunst seiner Gottheit willen.

Der Unendliche sagt uns:

»Gebt euch Mir ohne Rückhalt. Ich will euch alle Zerknirschung und Reue und Bußfertigkeit vergessen machen. Ich will euch erkennen machen, und ihr sollt euch in der Erkenntnis freuen, daß ihr aus der Unvollkommenheit von heute der Vollkommenheit von morgen in steter Verfeinerung entgegenwachst. Eure kummerschwere Reue soll sich in das freudige Wissen verwandeln, daß sich in allem, was ihr in der Vergangenheit waret und dachtet und tatet, eine niedrigere, unentwickeltere und also gröbere Daseinsform auswirkte, für die ihr heute nicht mehr verantwortlich seid. Ihr seid nun jener Form entwachsen und seid heller, besser und reiner geworden. Ihr werdet immer noch heller, besser und reiner werden. Ihr werdet dann keine Reue fühlen, wenn ihr erkennt, daß euer Sein von gestern eurem Sein von heute nicht mehr zugehört. Ihr werdet euch freuen, weil ihr nun eine bessere Form gefunden habt, eine hellere Art zu leben. Und ihr werdet diese immer wieder gegen eine noch bessere und hellere Art Leben vertauschen. Denn die Engel wissen nichts von Sünde. Es ist ihnen ihr gestriges Sein bewußt als die Unvollkommenheit von gestern. Sehet, die Engel verlangen von niemand Vergebung – sie freuen sich daran, wie der Ewige, die Kraft der Kräfte, sie von der Entzückung des Heute zur größeren Entzükkung der Zukunft trägt. Sie wissen, daß der Unendliche ihren Lobgesang gerne hört. Und so ist denn ihr Lobsingen tönende Freude ohne Ende.«

# Das Gebet

Bei allen Völkern und Religionen finden wir, vom Anfang der Geschichte her, das Gebet oder doch irgendeine Form des Gebets. Es liegt darum der Gedanke nahe, das Gebet sei ein Trieb, ein Instinkt, ein Gesetz oder Prinzip der menschlichen Natur.

Auf die Frage, zu wem wir denn beten, möchte ich antworten:

Wir können uns alle in dem Gedanken vereinigen, das grenzenlose All sei mit grenzenlosem Geiste erfüllt, mit Seele, Vernunft und Kraft. Sehen wir nicht Myriaden von Anderheiten in ihm, jede verschieden an Kraft und Vernunft, Offenbarungen von einer Gewalt und Weisheit, die über unser Begreifen gehen? Wir mögen diese Kraft »Gott« oder »den Unendlichen« oder, wie die Indianer es tun, den »Großen Geist« nennen. Wir mögen ihr alle Namen geben – es wird uns doch nie gelingen, sie ganz zu fassen. Ja, im gleichen Maße als wir sie zu fassen vermeinen, wächst ihr Geheimnis über uns empor. Endlos.

*Zu dieser Kraft beten wir.*

Nenne das Gebet, wenn du willst, einen Wunsch, ein Etwas, das aus der Mischung der Elemente, die uns in unser Geistig-Seelisches und Körperliches gegeben wurden, hervorgeht. Nenne es den Wunsch, Gutes zu erlangen, soweit wir es nur zu fassen vermögen. Das Gebet ist ein Verlangen – es ist Gemütskraft, Seele, im Verlangen gesammelt, verdichtet. Und dieses Verlangen kann auf größeres oder geringeres Gutes gerichtet sein.
Der eine Mensch wünscht über alles, reich an Geld zu werden. Sein Wunsch ist ein unaufhörliches Verlangen, ein Gebet. Er verlangt nach Gutem, soweit er es fassen kann. Wenn er im Geiste um Geld betet, dann ist anzunehmen, daß er sein Gebet in Taten auswirkt. Er wird wahrscheinlich reich werden. Vielleicht sagt nun einer: »Um Geld beten heißt um etwas Schlechtes beten!« Warum es nicht besser ein Gebet um ein vermischtes Gutes nennen? Oder um ein unvollkommenes Gutes? Reichtum an Geld kann zeitweilig Gutes bringen. Der Irrtum liegt darin, das Geld als die dauerndste Quelle des Guten zu betrachten.
Die erlauchtere Seele wird nicht um Geld bitten. Sie wird nach mehr Mut, Geduld, Reinheit, Adel und Kraft verlangen, um schaffen zu können; nach schärferen Geistesaugen, um mehr zu sehen; nach erhöhter Fähigkeit zum Genuß

des Lebens. Das ist das Gebet der höheren Weisheit. Auf ein solches Gebet wird in der Bibel hingewiesen mit den Worten: »Trachtet zum ersten nach dem Reich Gottes und nach seiner Gerechtigkeit!« – das heißt also: nach dem besten und dauerndsten Glücke, nach dem Ziel des Lebens.

Ich halte dafür, das Gebet sei ein großes Gesetz, das in der ganzen Natur, bei den tieferen Formen so gut wie bei den höheren, bis zum Menschen hinauf, in Erscheinung tritt. Ja, ich glaube, das Gebet sei eine Notwendigkeit des Menschen. Du kannst auch von einer wissenschaftlich zu beweisenden Notwendigkeit sprechen, wenn du willst. (Wissenschaft und Religion brauchen durchaus nicht getrennt zu werden. Es besteht kein Grund, sie zu trennen.) Der weiseste Wunsch, das weiseste Verlangen – das ist das weiseste Gebet. Es ist darum wichtig, vorerst zu wissen, um was man zu beten habe. Wir müssen unsere Seelen öffnen und zur Aufnahme bereit machen, wir müssen willig sein, zu hören und belehrt zu werden, es muß unser Geist alle Tore und Fenster entriegeln und sie allem weit aufschließen, was da hereinströmen will.

Ich glaube, daß der unendliche Weltraum von Leben strotzt und von Leben durchpulst ist. Ich glaube, daß der Staub unter meinen Füßen lebt

und daß das Wort »Tod« das einzige Wort unserer Sprache ist, das eine Unmöglichkeit bezeichnet. (Der eigentliche Prozeß des Verfalls und Verwesens in der Natur ist in Wahrheit Bewegung, Leben, Prinzip der Selbstvernichtung, um in neuer Gestalt wiederzuerstehen!)
Das Gebet, so glaube ich, beruht auf einem Instinkt des Wunsches und Verlangens, der, wie ich schon sagte, bei allen Formen der Natur beobachtet werden kann. Ich sehe so etwas wie ein Gebet auch im Gesetz der natürlichen Zuchtwahl, im »survival of the fittest«, im Wunsch, den Besten und Fähigsten der Gattung zu erhalten. Der Wunsch des Menschen, den Hund schneller laufen zu sehen, schuf dem Hunde in Geschlechterfolgen die anatomisch bessere Form, die ihn nun zum schnelleren Lauf befähigt. Und wenn mich wer fragt, ob ich denn glaube, daß ein Hund bete – wahrhaftig, ich verneine diese Frage nicht. Ich glaube, der Instinkt des Wunsches oder das Prinzip des Gebetes bestehe in der Pflanzen-, Tier- und Menschenwelt, aber ich weiß, daß dieses Prinzip, wenn es tausend verschiedene Grade des Verlangens kennt, zehntausend Verschiedenheiten der Äußerung des Verlangens kennt. Doch was den Hund anbetrifft: Wenn er aufblickt und mir ins Gesicht sieht und wenn er mir seinen Kopf in den Schoß legt, dann ist mir dies

sein inniges Gebet um meine Sympathie und Güte und Liebkosung – ein Gebet, so innig wie irgendein Gebet, das von der Kanzel gesprochen wird. Und die Fürsorge, die Angst und Liebe einer Tiermutter für und um ihre Jungen – es sind mir heilige Gefühle, heilige Wünsche, es ist mir ein heiliges Gebet um die Sicherheit ihrer Jungen.

Das Gebet des Glaubens ist heute selten. Ich meine jenes Glaubens, der das göttliche Gesetz nicht vom natürlichen sondert. »Das Gebet des Gerechten vermag viel, wenn es ernstlich ist!« und »Das Gebet des Glaubens wird dem Kranken helfen!« – diese Worte stehen in der Schrift. Das Gebet der zehn Gerechten rettete die Stadt, wie wir aus der Geschichte Abrahams erfahren. Die vereinigte Gebetskraft zehn reiner und ergriffener Geister dringt in jenes höhere Geistesreich hinauf, das die Bedingungen der irdischen Rettung schaffen kann. Denn Wunder gibt es nicht. Was wir Wunder nennen, ist das Ergebnis der Wirksamkeit von Gesetzen, die wir noch nicht kennen.

Man kann es auch heute noch, und selbst von der Kanzel herunter, von strenggläubigen Menschen vernehmen, daß die schwer zu glaubenden Bibelstellen lediglich Allegorien seien. Nun, wenn dereinst unsere beiden Welten, die sichtbare und die unsichtbare, wiedervereinigt sind und das Wissen der einen ergänzt wird durch das Wissen der anderen, dann wird selbst der Strenggläubige das göttliche und natürliche Gesetz, das göttliche und natürliche Element in ihren Gleichheiten und Gleichzeitigkeiten erschauen können. Dann wird klarwerden, daß die Wolken- und Feuersäule, die das Volk Israel einst bei Tag und Nacht führte, daß die Trompetenstöße, die Jerichos Mauern stürzten, und daß die Teilung des Roten Meeres noch ganz anders begründet werden können als durch Witterungsverhältnisse oder Ebbe und Flut.

Es sind große Kräfte da, die ebensosehr das Schlechte wie das Gute bewirken, große Wesenheiten, die, sichtbar und unsichtbar, auf Erden das Übel schaffen. Doch eine ermutigende Wahrheit krönt das dunkle Bild, und ein einziger wahrhaft gläubiger und gebetserfüllter Mensch vermag als Bindeglied, als Mittler, auf Erden Großes zu vollbringen. Denn das höhere Erkennen, die Kraft des Lichtes muß endlich über das Dunkel siegen. Das Gebet ist darum die größte der Notwendigkeiten für jene Menschen, die der Welt und ihrem kleinlichen Egoismus entwachsen sind. Das weiseste Gebet wird nach höchster Erkenntnis, nach edelster Reinheit, nach höchster Erhebung der Seele und größter Liebe zum Nächsten verlangen.

Solche Wünsche hegen heißt hohen und erhabenen Gedanken hingegeben sein.
Zu wem also beten wir?
Zum »Vater«. Zum »Vater im Himmel«. Es ist das keine düstere, grausame, rachsüchtige persönliche Gottheit, sondern »Unser Vater«, der Große Geist, der Unendliche Geist, der Zeit und Raum und Ewigkeit durchdringt und alles, was da ist und lebt. »Gott wirkt in uns und durch uns, Gott, in dem wir leben und weben und sind« – noch immer »Unser Vater« in Freudens- und Segensfülle, die er auf uns niederströmen läßt, wenn wir nur bereitet sind, sie zu empfangen, und weise genug, sie zu gebrauchen. Eine Kraft, so gewaltig und unerschöpflich in ihren Quellen, so unendlichfach in ihrer Offenbarung, so strotzend von Elementen und von Gesetzen, die diese Elemente beherrschen; eine Kraft, die den Planeten um seine Sonne schleudert und sausende Planetensysteme um ihre Mittelpunkte; eine Kraft, so unerhört in ihrer Genauigkeit, in der Form und Schönheit, mit der sie die atomhafte Schwinge des Insekts bildet; so verschwenderisch an Schönheit, daß sie jede Schneeflocke zum symmetrischen Kristall gestaltet; so schrecklich; so unbegreiflich und unendlich, daß der schwache Menschengeist taumelt, wenn er versucht, das Gewicht eines solchen Begriffes zu tragen. Wie können wir,

wenn wir all dies auch nur einigermaßen fassen, wie können wir einen solchen Namen ohne Ehrfurcht auf die Lippen nehmen? Sollte dieser Name nicht geheiligt werden? Es ist die Kraft, zu der alles Leben und alles Element im unendlichen Raum, bewußt oder unbewußt, betet.

Das Gebot ist mißbraucht, mißverstanden und verfälscht worden. Man glaubt nachgerade, nur unwissende Menschen beten. Und man hat ihm einerseits einen Beigeschmack von Bettelei, andererseits den von Bigotterie und Aberglauben gegeben. Dem entgegen wiederhole ich, daß ich das Gebet für eine uns eingeborene Eigenschaft halte. Für eine Eigenschaft, die unserer Natur und Wesenheit ebenso zugehörig ist, wie die Kraft, mit der sich das Mineral in bestimmter Kristallform erneuert, dem Mineral zugehörig ist; oder wie der Pflanze das Verlangen zugehörig ist, mit dem sie, aus dem Dunkel heraus, dem Licht entgegenwächst.

Wir sollten uns daran erinnern, daß ein Gebet, das sich die Erreichung oder den Besitz irgendeines Dinges eigensüchtig zum Ziele setzt, kein glückliches Gebet sein kann. Unser bestes Gebet wird immer von der Empfindung getragen sein müssen: »Dein Wille geschehe!« Je mehr der Geist des Gebets, der Geist des Wunsches oder Verlangens, dem Höheren, Reineren zugebildet ist, um so näher bringt er uns der höheren und glücklicheren unsichtbaren Welt. Je gebildeter unser Geist ist, um so besser wissen wir, um was wir beten sollen. Je mehr die Seele gewöhnt wird, im höchsten und reinsten Denken zu wohnen, um so geringer wird in gewissem Sinne die mechanische Bemühung des Gebets. Es versinkt zuletzt in ein Entzükken, in ein endloses Gedicht, dessen Empfindung der Abglanz alles Besten und Glänzendsten und Reinsten der Schöpfung ist.

»Dein Reich komme!« Das Reich der Kraft. Das Reich stetig neuer und höherer Freuden und Herrlichkeiten. Das Reich der Gerechtigkeit. Das Reich neuer Offenbarungen, neuer Bibeln und Gesetze.

## Vom Schaden der Erinnerung

Es gibt viele Menschen, die sich, wenn sie etwas »bejahrt« geworden sind, sehr gerne der Erinnerung hingeben. Und zwar mit trauernder Schwermut. Die Guten sollten aber lieber vorwärts schauen! Wer nämlich geistig und körperlich verfallen will, braucht nur in einem vergangenen Leben leben zu wollen. Es ist eines der Kennzeichen materiell gerichteter Geister, zäh am Vergangenen zu hängen und es zu hätscheln. Und verschollene Freuden mit festlichem Vergnügen heraufzurufen – weil sie ja doch dahin sind und nie, nie wieder genossen werden können!

Aber das wahre Ich des Menschen fragt recht wenig nach dem Vergangenen. Es will immer Neues. Will von heute über ein Jahr ein ganz anderer Kerl sein und will in tausend Jahren vergessen, was es heute gewesen ist. Denn es weiß, daß Rückschau und Leben im Vergangenen seine Entfaltung zu höherer Kraft und Seligkeit verlangsamen.

Kümmert es dich heute, was du vor tausend oder fünftausend Jahren gewesen bist? Und

doch warst du damals schon! Und warst etwas weit Geringeres als heute! Plagt dich Neugier zu erfahren, wer du damals gewesen bist? Ist diese Neugier wert, daß du für sie den Preis zahlst, Hunderte deiner abgelebten Wesenheiten auszugraben? Diese Wesenheiten, diese Leben haben ihr Werk für dich getan. Und haben dir damit mehr Schmerz gebracht als Freude. Willst du nun das Gedächtnis und die Last dieser Leben mit dir schleppen – was dir jetzt und in aller Zukunft jede Freude nähme und Schmerz ohne Maß brächte? Du würdest dann einem Vogel gleichen, der die Eierschalen, aus denen er gebrütet wurde, immerfort mit sich tragen wollte.
Wenn du traurige Erinnerungen hast – wirf sie fort! Und wenn du sie nicht fortwerfen kannst, verlange von der Allmacht, sie möge dir dazu verhelfen, daß du es kannst.
Willst du alt und schwach, grau und hinfällig werden, dann gehe hin und lebe und webe im Vergangenen und sinne der, ach! entschwundenen Jugend nach! Gehe hin und suche die Plätze und Häuser auf, wo du vor zwanzig, dreißig, vierzig Jahren gelebt hast! Beschwöre die Toten herauf! Betrauere sie! Durchlebe in wehmütiger Erinnerung nochmals die Freuden, die dir einst dort geworden waren. Und seufze: »Ach, sie sind dahin und werden nie, nie, nie mehr wiederkommen!«

Wenn du so tust, behängst du dich über und über mit Totem. Wenn wir in ein neues Erdenleben mit der Erinnerung an das letztvergangene einträten, würden wir als zwerghafte, abgelebte, eisgraue, alte Männer erscheinen. Die Jugend ist ja nur darum so frisch und blühend, weil sie nichts Vergangenes mit sich schleppt, weil sie von trüben Erinnerungen nicht beschwert ist. Ein Mädchen ist schön, weil sein Geist alles Vergangene abgetan hat. Und es beginnt zu altern, sobald es Schmerz darüber empfindet, die ersten zwanzig »Lenze« seines Lebens hinter sich zu haben.

Der Geist will Anmut von dem Körper, dessen er sich bedient, er will die leichte Beweglichkeit und persönliche Schönheit, denn er ist Gottes Ebenbild und Bewußtsein von Unendlichkeit. Schönheit, Anmut und Beweglichkeit sind seine göttlichen Kennzeichen. Kindheit und Jugend sind voll Schönheit – denn noch hat der Geist sich nicht mit falschen Bekenntnissen und Traurigkeiten aller Art beschwert. Du würdest die Beweglichkeit deiner fünfzehn Jahre haben, wenn du dich alles dessen entledigen könntest, was dir das Leben seither aufludt, was du dir von ihm aufladen ließest.

Beginne nun mit der Ablagerung dieser Lasten! Laß deinen Entschluß das Mögliche

beim Schopfe fassen! Tu alles ab von dir, was dir Schmerz schuf, alles, worüber du trauertest!
Dazu brauchst du freilich die Allmacht. Gott trauert nicht und bereut nicht. Du, ein Geist, bist nach seinem Bilde geschaffen. Gott ist ewiges Leben, Freude, Heiterkeit. Je mehr du von diesen Eigenschaften spiegelst, um so mehr Gott ist in dir.
Hast du deine Teuersten auf Erden begraben? Du tust ihnen nichts Gutes, wenn du mit traurigen Gedanken ihrer gedenkst. Du setzest eine Schranke zwischen ihrem Geiste und dem deinen, wenn du sie als »verloren« betrachtest. Du kannst damit nicht allein die Trauer in ihrem mentalen Zustande vermehren und erhöhen, sondern dich selber trübsinnig machen. Das tun die Menschen des Grams. Die größte Wohltat, die wir unseren Toten erweisen können, ist die, sie uns als lebend vorzustellen, so lebend, wie wir selber sind, und ihre Grüfte, Grabsteine, Särge, Leichentücher und Gespensterhaftigkeiten aus unseren Vorstellungen völlig zu tilgen. Wir lassen jene, die ihre Körper verloren haben, den Tod oft fühlen, wenn wir sie uns als tot vorstellen. Und diese Toten werfen dann den Todesgedanken auf uns zurück.
Meine Friedhöfe! Es mag vielen scheinen, ich sei kalt und fühllos, wenn ich so spreche. Aber die Wahrheit, wie ich sie erkenne, sagt mir, daß

Friedhöfe, wo nicht deine Geliebten ruhen, geistig betrachtet, höchst ungesunde Besuchsplätze sind. Es weht dort ein Geist von Trauer, Tod und Verfall, und du nimmst davon in dich auf, wenn du auf Friedhöfen bist. Dieser Geist ist aber lebensfeindlich, ja, er ist für Frische und Frohsinn tödlich. Unsere Friedhöfe sind übrigens voll Unwahrheiten. Wir setzen über den abgeworfenen Körper eines Freundes den Grabstein. Und wir schreiben auf diesen Stein das Wort: »Tot.« Dieses Wort ist nicht wahr. Unser Freund ist nicht tot. Es ist nur der von ihm gebrauchte Körper, der dort liegt. Aber wir behalten die Grabstätte im Gedächtnis und wissen: unser Freund liegt dort begraben. Und in unserem Geiste lebt dauernd das Bild von dem Freunde, der dort begraben liegt. Und wir können machen, was wir wollen, wir können versuchen, an die ewige Dauer des Lebens und die Unmöglichkeit eines Todes im Weltall zu glauben: wir kommen über das Bild des toten Freundes, der im Sarge verwest, nicht hinaus. Dieses Bild befestigen wir gleichsam in unserem Geiste, und indem wir es tun, befestigen wir in uns selber die Gedanken an Düsternis, Tod und Verfall. Gedanken an Tod und Verfall sind Dinge und Kräfte. Wenn wir sie im Geiste mit uns tragen, mehren wir die Verfallselemente unseres Körpers.

Was uns not tut, sind aber nicht Gedanken an den Tod, sondern Gedanken an das Leben. An das Leben in seiner unermeßlichen, strotzenden Fülle, an das Leben mit seinen strahlenden Wonnen und Verheißungen, die durch uns verwirklicht werden können.
Der Geschäftsmann, ja jeder tätige, unternehmende Mensch: wenn er seine Zeit für traurige Erinnerungen verwendete – sein Unternehmen litte Schaden. Er denkt aber an das, was gelingen soll. Er denkt mit vorwärts gerichtetem Geiste. Und so allein fördert er seine Angelegenheiten.
Mach's ihm nach! Kremple deine Gewohnheit, Vergangenem nachzusinnen, in Erinnerungen zu leben, kräftig um! Lebe nicht im Mißerfolg von gestern – lebe im Erfolg von morgen!
Ich hörte einmal das Wort aussprechen: »Als die Erde noch jung war . . .!«
Als ob dieser Planet gegenwärtig schon sein Greisenalter erreicht hätte und verfiele! Diese Erde war, was Frische, Fülle, Verfeinerung und höhere Reinheit jeder Lebensform anbetrifft – mag sie nun Mensch, Tier oder Pflanze heißen –, noch nie so jung wie heute! Natur und Weltall kennen keinen Stillstand, keinen Rückgang. Eine übermenschliche, unbegreifliche Weisheit trägt alles Erschaffene höherer Kraft und Herrlichkeit entgegen! Und du

gehörst zu diesem Weltall und bist ein Teil von ihm!
Dein Geist, deine Jugend, immerblühende Jugend – denn du hast keimhaft die Kraft in dir, deinen zeitlichen Körper stetig zu erneuern! – sind ewige Vermächtnisse! Wenn dein Körper alterte, ist dies kein Zeichen dafür, daß dein Geist alterte. Denn der Geist kann sowenig altern, wie das Licht der Sonne altern kann. Und wenn dein Körper alterte, so geschah es, weil du ihn, das stoffliche Ebenbild deiner geistigen Wesenheit, aus all den Unwahrheiten und falschen Gedanken, die du von deiner Kindheit an in dich aufnahmst und dein Leben bestimmen ließest, falsch aufgebaut hast. Ein Großteil dieser Gedanken und Unwahrheiten waren Leid und Reue. Reue ist verkehrte Kraft – ist Hinwenden des Geistes auf Vergangenes, während der natürliche und gesunde Zustand des Geistes der ist: vorwärts zu schauen und in den Freuden zu leben, die uns gewiß sind, wenn wir sie erwarten.
Die Menschen des neuen Geschlechtes werden schönere und anmutigere Körper haben als wir. Denn sie werden weniger in Erinnerungen leben, weniger zurückschauen. Sie werden wissen, daß der Unendliche Geist aus seiner Fülle spenden wird, was alles Vergangene überstrahlt.

Heute denken die Vielzuvielen gerade umgekehrt. Sie haben kein Vertrauen zu der Kraft, die von den Theologen »Gott« genannt wird. Sie sagen sich im Geiste immer wieder: »Es kann uns nie wieder so gutgehen, wie es uns einmal gegangen ist! Wir sind nicht mehr jung, und die Zukunft ist freudlos und trübe, Staub und Asche!«
Die Wahrheit, daß unser Leben mit dem Tode des Körpers nicht endigt, ist den Leuten nicht beizubringen.
Der Mann sollte im Geiste immer der Knabe und die Frau immer das Mädchen bleiben, das sie waren. Und sie könnten dies bleiben, ohne albern zu sein oder an wahrer Würde zu verlieren. Es gilt, die blühende Heiterkeit der Jugend mit der Weisheit der reifen Jahre zu vereinen. Einen klaren, kräftigen Geist zu erlangen, ohne darüber zur Eule zu werden.
Von Zeit zu Zeit freilich kann es ganz nützlich für uns werden, in ein vergangenes Leben gleichsam experimentell unterzutauchen und eine alte Geisteshaube aufzustülpen. Wir erkennen dann nämlich die Lumpen und Fetzen der Irrtümer und Anschauungen, mit denen wir voll behängt waren.
Dies können wir besonders erleben, wenn wir Örtlichkeiten oder Menschen wieder besuchen, von denen wir lange getrennt waren. Für einige

Zeit gewinnen da, während eines solchen Besuches, die alten Bekanntschaften und Stimmungen, die durch sie hervorgerufen wurden, und vielleicht auch Gewohnheiten, von denen wir uns längst verabschiedet hatten, wieder Einfluß auf uns. Wir werden sozusagen vom alten Leben beschlagnahmt und aufgebraucht. Wir nehmen an solch einer Örtlichkeit oder in solcher Gesellschaft zeitweilig jene alte geistige Verfassung wieder an, die ehedem stetig die unsrige war.

Aber über ein Kleines hebt ein Widerstreit an: Der neue Geist, das neue Ich, in das wir während der langen Zeit unserer Abwesenheit hineingewachsen sind, widerstreitet dem alten. Es fühlt Abneigung und Widerwillen vor dem engen Dasein mit seinen falschen, überlebten Anschauungen und dem dumpfen, eintönigen Leben darin. Es will nichts mehr damit zu tun haben.

Ein Kampf zwischen zwei Geistern entbrennt auf dem Schlachtfelde unseres Körpers: der neue Geist ficht mit dem alten – was uns gelegentlich krank macht. Unser altes Ich steigt aus seinem Grabe hervor und versucht, sich an das neue zu hängen. Das neue Ich weist aber die alte Wesenheit mit Schaudern zurück. Aber indem es so seine alte Wesenheit erkennt, erkennt es auch die Überbleibsel vom alten Ich,

die ihm in all der Zeit unbemerkt angehangen haben.
Denn wir werden einen irrigen Glauben nicht auf einmal los. Oft behalten wir unbewußt Brocken eines solchen Glaubens zurück, auch wenn wir vermeinen, uns längst von ihnen befreit zu haben. Wir stürzen in Gruben, kommen von der Hauptstraße ab – finden sie aber wunderbarerweise immer wieder: der Gott in uns, der unfehlbare Kompaß weist uns Weg und Richtung.
Die Natur begräbt ihr Totes so schnell sie kann und schafft es uns aus den Augen. In Wahrheit freilich verwandelt sie es zu immer neuen Formen des Lebens. »Der Tod ist ihr Kunstgriff, viel Leben zu haben!« sagt Goethe. Der Baum erzeugt im Frühjahr die neuen Blätter und will mit seinen welken Blättern vom letzten Herbste nichts mehr zu tun haben. Und der Rosenstrauch bewahrt keines seiner Purpurblütenblätter als wehmütige Erinnerung an den vergangenen Sommer auf. Dies tut allein der Mensch.
Ich will damit nicht sagen, daß wir jede Erinnerung an Vergangenes auslöschen sollen. Nein! Aber löschen wir die Erinnerung an das Trübe und Entmutigende, an die Niederlagen und Fehler und Irrtümer unseres Lebens aus! Denken wir an unsere Siege, denken wir an das,

was uns gelang, was uns geriet, was wir erreichten! Und schöpfen wir daraus die Kraft, in Zuversicht vorwärts zu schauen! Wer hofft, dem wird Erfüllung! Wer erwartet und verlangt, dem wird gegeben!

Das sind Gesetze des Unendlichen Geistes des Guten, und wer an sie glaubt, lebt in diesem Geiste.

# Die Wissenschaft vom Essen

Es gibt eine Art schnellen Essens; die Nahrung in hastigen und zu großen Bissen hinunterzuschlingen. Wir wünschen – ein sehr unangebrachter Wunsch! – mit dem Essen so schnell wie möglich fertig zu sein. Dieser Wunsch kann uns manchmal schon nach einigen Bissen plötzlich Appetit und Freude an einer Speise gänzlich nehmen, gleichviel, wie hungrig wir auch vor Tische gewesen sein mögen. Leute, die solcher Gewohnheit lange Zeit ergeben waren, haben endlich den Appetit fast völlig verloren. Sie hatten den täglichen Mahlzeiten etwa zwanzig Minuten eingeräumt und wußten wenig von der Freude und Ruhe, die Körper und Geist erfahren, wenn der Mensch mit still gesammeltem, ruhevollem Gemüte eine Mahlzeit nimmt. Und es wurde ihnen so gut wie nichts von der herrlichen Kraft zuteil, die aus dieser Art des Essens fließen kann!

Schnelles Essen ist eine sehr gefährliche Gewohnheit. Wer schnell ißt, leidet Hunger, auch wenn volle Schüsseln vor ihm stehen. Schnelles Essen nährt weder Körper noch Geist.

Ein Schnell-Esser schwächt sich und kommt herunter, er weiß selber nicht, wie, bis der nahrungslose Körper zuletzt vom Geiste verlassen wird. Ein Märtyrer der Dyspepsie, ist solch ein Mensch geneigt, dieser oder jener Speise die Schuld an seinem Leiden zuzuschreiben. Aber die Speise hat auf sein Leiden herzlich wenig Einfluß, dagegen hat der Gemüts- und Geisteszustand, in der er sie aß und ißt, allen Einfluß auf ihn.

Wenn dich Tätigkeit so sehr in Anspruch nimmt, daß dir die Stunde zu behaglichem Mahle nicht gegönnt ist und du, nach dem Hinunterschlingen einiger Bissen, eiligst wieder an dein Geschäft mußt, wirst du mit der Zeit sicher darunter leiden. Wir können Geist und Körper nicht so vollfüllen, wie in den Heizraum einer Lokomotive Brennmaterial mit Schaufelwürfen geschleudert wird. Auf diese Weise können wir uns nicht wiederherstellen und erneuern, können wir das uns nötige Brennmaterial nicht in uns aufnehmen.

Sagt ein Mensch, es liege ihm nichts daran, was er esse, denn »eines sei so gut wie das andere, soferne es nur sättige«, so ist dies kein gutes Zeichen. Denn der Geist ist es, der eine Verschiedenartigkeit der Speisen und des Geschmackes verlangt. Und der Geist hat Gründe für dieses Verlangen, die wir noch nicht erklä-

ren können. (Wer kann den Instinkt erklären?) Wenn der Gaumen gleichgültig wird und ihm der eine Geschmack so gut scheint wie der andere, beweist dies ein Verfallen und Stumpfwerden des Geistes. Je höher die Vergeistigung eines Menschen, desto empfindlicher und wählerischer ist sein Geschmackssinn! Denn der Geist ist's, der durch den körperlichen Sinn des Schmeckens die Freude am Essen empfängt.
Der Geist, der nach Leben verlangt, offenbart sich in jedem Organ deines körperlichen Seins; also auch im Gaumen, dem Sitz des Geschmacks. Und wenn ein Körperteil fühllos wurde oder durch unrechten Gebrauch verkümmerte, dann bist du jenes besonderen Ausdrucks des Lebens und der Freude beraubt und bist geschädigt.
Mit Gefräßigkeit hat das nichts zu tun. Ein Fresser ißt nicht, er frißt, er schlingt. Wer richtig ißt, wird jeden Bissen mit Behagen genießen, und je länger er den Bissen auszukosten vermag, desto mehr wird er ihm stoffliches Mittel sein, dem Geiste Leben zuzuführen. Der Fresser erhält von seiner Nahrung wenig wirklich Gutes. Für ihn ist sie wie Brennmaterial, das, wenn es in zu großer Masse in den Ofen geworfen wird, weder zu brennen noch Kraft zu erzeugen vermag. Aus sechs Bissen, in Ruhe genossen, bedachtsam gekaut und, wie hinzu-

gefügt werden soll, bedachtsam »geschmeckt«, ziehst du mehr Gewinn als aus der zehnfachen Menge, die du in Hast verschlingst. Denn mit der Nahrung nehmen wir, wie schon gesagt wurde, mehr in uns auf, als das Auge sehen kann. Wir nehmen die Elemente der Gesundheit, Kraft und Ruhe in uns auf. Und je mehr wir uns an richtiges Essen gewöhnen, desto stärker wird unser Vermögen sein, jene ersehnten Elemente an uns zu ziehen.

Darum: Wenn wir zu Mahlzeiten mit hellen, fröhlichen Menschen beisammen sind, die nicht gehetzt oder niedergeschlagen oder in streitsüchtiger Stimmung oder mit Geschäftssorgen zu Tische gingen, kurz mit Menschen, die etwas von der hohen Wissenschaft des Essens gelernt haben, die also richtig essen, angenehm oder lustig plaudern können und deren Gespräch nicht den leisesten Beiklang von Groll, Übelwollen oder beißendem Spott gegen andere hat: dann sind uns durch sie die wertvollsten mentalen Hilfen gegeben, um die gebotene Nahrung für Körper und Geist am wohltätigsten zu machen.

Sprich oder denke vor dem Essen:

»Meine Speise wird mir wohl bekommen. Sie wird mich nähren und kräftigen. Den heiteren Gedanken, den ich nun denke, trage ich mit jedem Bissen in mich, und mit je mehr Behagen ich ihn esse, desto mehr Frohsinn und Kraft werden in mich kommen. Ich esse, um Gott zu verherrlichen, Gott, dessen Kind ich bin. Gott, die große, allerhöchste Kraft, deren Teil ich bin.«

Das ist ein gutes Tischgebet.

Und dann verlange Vergessen, daß du einen Magen hast. Denke nicht unausgesetzt an den Magen oder die Verdauung. Iß wie der Vogel, der einzig weiß, daß seine Nahrung dorthin geht, wo die Natur sie haben will, und daß er, wenn er die Nahrung geschmeckt, genossen und geschluckt hat, nicht weiter an sie zu denken braucht. Siehst du im Geiste stetig einen leidenden Magen, so wirst du ihn auch bald im Körper haben. Denn was ein Mensch denkt, das wird ihm. Und was er so sehr im Geiste trägt und hegt, das zieht er mehr und mehr an sich.

Was sollen wir essen? Was uns am besten schmeckt! Die Natur hat uns den Geschmackssinn als eine Schildwache mitgegeben, die vor dem Magen Posten steht. Wenn du kein Verlangen nach Nahrung hast, iß nicht. Essen, nur um zu Kraft zu gelangen, mag dieses Essen dem Gaumen auch keine Freude bereiten und mehr aus gewissem Pflichtgefühl als aus wahrhaftem Bedürfnis geschehen, tut wenig, wenn es überhaupt etwas dauernd Gutes tut.

Frisches Fleisch, frische Gemüse und Früchte

enthalten die meiste Kraft. Im Fleische ist positives Element. Schwer, stark, zäh und unnachgiebig wie klumpiges Eisen, versinnbildlicht es den Geist der Steifnackigkeit und Wildheit des Tieres. Und man zweifle nicht: wir nehmen etwas von diesem Geist in uns auf, wenn wir Fleisch genießen. Aber wir können diesen Geist verwandeln, mildern, wir können das Rauhe verfeinern und uns so das Fleisch nutzbar machen.

Indessen, die Menschheit wird nicht immer Fleisch essen. Sie wird der Notwendigkeit, Fleisch zu essen, allmählich entwachsen. Denn Tiermord zum Zwecke des Fleischgenusses ist grausam und unrecht, ist nur graduell von Kannibalismus unterschieden. Aber diese Grausamkeit und dieses Unrecht werden uns zunächst von der Not zwingend geboten.

Wir entwickeln uns vom Rauhen zum Zarten, von der Materie zum Geiste. In künftigen Zeiten werden unsere Körper und Geister weitaus verfeinerter sein, als sie es gegenwärtig sind. Freilich, wir verwandeln uns geistig und körperlich nicht allein durch das Essen. Unser Wachstum in ein höheres und besseres Menschentum hinein wird ein vollkommenes und symmetrisches Wachstum sein und nicht eines, das nur aus der Reform des einen oder anderen Teiles unseres Wesens entsteht. Der ganze Mensch in seiner Heiligkeit wird wachsen wie die vollkommene Blume, an der jedes Blatt und jede Blüte gleichzeitig und harmonisch sich entfalten.

# Geist als Medizin

Wer Krankheit verhüten oder heilen will, muß sich vor allem von dem Glauben oder Irrtum befreien, daß seine Geisteskraft irgendwann abnehme oder abnehmen könnte. Das ist ganz unmöglich. Es mag uns manchmal scheinen, daß wir geistig nicht auf der Höhe seien, weil unsere großen und strengen Prüfungen und Leiden uns ermüden. Aber in Wahrheit ist unser Geist etwas Unzerstörbares und nur der Stoff, unser Körper, zerstörbar.

Du bist ein reifender Geist und als solcher eine immerfort zunehmende Kraft. Diese Kraft kannst du dazu verwenden, deine Physis aufzubauen und zu erneuern. Dies Wissen schon kann dir Medizin sein. Du vergißt es zeitweise: dann schwankst und zweifelst du, bist du entmutigt. Aber die Wahrheit aufersteht immer neu und behauptet sich mit immer größerer Festigkeit. Und endlich bestätigen sie Beweise, die, anfänglich klein, bald überzeugender werden, an Zahl und Bedeutung gewinnen, deine Krankheiten und Schwächen bessern und dir zuletzt unzweifelhaft sicher klarmachen, daß

der Schnupfen keine Gewalt mehr über dich hat.
Das zweitnächste, was du zu tun hast, ist: dir zum wirklichen Wissen zu machen, daß die Ursache jeder Krankheit im Geistigen liegt. Erschrickst du, fühlt dein Körper den Schrekken und wird geschwächt. Bist du zornig, wird dein Körper von dieser Emotion erschüttert. Bist du in Ungewißheit, hoffnungslos oder entmutigt, dann sind deine Muskeln weniger frisch, als wenn du hell und hoffnungsvoll bist. Du hast vielleicht jahrelang in Furcht oder Unruhe, in Ungewißheit oder Entmutigung gelebt – diese Kräfte wirkten auf deine körperliche Organisation und griffen sie an. Ein Leiden entstand.
Ich verschreibe Geist als Medizin.
Widerstehe allem, was dir Schmerz oder Unbehagen bereitet. Sage nicht im Geiste: »Es ist zu heiß!« oder: »Es ist zu kalt, ich kann es nicht ertragen!« Sagst du das, ergibst du dich den Elementen und ihrer Gewalt über dich, und das Unleidliche wird dir noch unleidlicher.
Sage klüger: »Es ist wahr, mein Körper schaudert vor Kälte oder Schmerz. Aber im Geiste will ich nicht schaudern. Ich widersetze mich der Kraft, die meinem Körper Schmerz bereitet, ich trotze ihr!«

Tust du das, so rufst du Hilfen heran, die der Wirkung der Elemente auf deinen Körper begegnen können. Jeder Augenblick, in welchem du so der Hitze oder Kälte, einem Schmerz oder Unbehagen widerstehst, ist klarer Gewinn. Jeder Gedanke, den du so denkst, ist eine Kraft des Widerstandes, wirklich wie die Kraft der Muskeln in deinem Arm, mit dem du einen tollen Hund dir fernhältst. Jeder solcher Gedanke ist ein Stein zu dem Bau, den du aufrichtest, um dich gegen das Übel zu schützen.

Widersetze dich also dem Teufel, und er flieht vor dir. Der Teufel ist in allem, was dich meistern will. Widerstehst du ihm nicht, so meistert er dich wirklich. Du findest dann nirgends ein Klima, das dir taugt, es wird dir immer zu heiß oder zu kalt oder sonstwie »zu« sein, und der geschlossene, stickige, überheizte Raum wird dich flüchten lassen. Gerüchte, Anblicke und Sphären werden dich herabziehen und überwältigen.

Ich sage nicht, daß du dort, wo dir Umgebung oder Geistigkeit unangenehm sind, länger verbleiben sollst, als nötig ist. Ich verlange kein Märtyrertum und verhänge keine Folter, um deine Geduld oder Leidensfähigkeit zu prüfen. Zwang soll nicht sein. Meisterung wird gefordert. Wer überwindet, beherrscht. Und nur der

Geist ist wahrhaft frei, der seinen Körper zu beherrschen vermag.
Du fürchtest Ereignisse, Menschen. Wenn du dieser Furcht nicht widerstehst, wird sie dich körperlich herunterbringen. Widerstehe andauernd, und die Kraft des Geistes wird dir den Sieg geben. Ereignisse und Menschen sehen nun ganz anders aus. Was du gefürchtet hast, war mehr ein Unsichtbares als ein Sichtbares. Mächte des Dunkels wirkten auf deinen Geist, und fast wolltest du glauben, es seien schlimme Intelligenzen von der anderen, unsichtbaren Ebene des Lebens gewesen, die deine guten Absichten vereiteln und vernichten wollten, auf einer überempfindlichen Saite deines Wesens spielten und so Schwierigkeiten schufen, wo es gar keine gab. Warum durften sie das? Warum dürfen sie es noch? Darum, daß du zu der Kraft gelangen mögest, sie zu überwältigen. Du kannst nicht immer geschützt werden, sonst bleibst du ewig abhängig und kraftlos, ein Stümper. Meisterung wird gefordert. Dein Werdegang führt durch Leiden und Niederlagen. Und nur die Kraft, die du so gewinnst, ist endlich dein dauerndes Eigen.
Der Krankheit mußt du begegnen wie der Furcht vor Ereignissen und Menschen. Geist ist Medizin und oft wirksamer als die Droge.
Wenn deine Augen ein wenig schwach werden,

lauf nicht gleich um Brillen. Laß die Augen ein paar Monate ruhen. Wenn sie feinen Druck lesen, sind sie die angestrengtesten unserer Organe. Der Buchdrucker verlangt von ihnen das Äußerste. Er setzt seine Schrift so groß oder klein, daß wir sie ohne Brille gerade noch lesen können. Wer aber gleich zur Brille greift, wenn seine Augen ein wenig nachlassen, ruft den Gedanken auf, daß seine Sehkraft nun bis an sein Lebensende progressiv abnehmen werde. Mit einem verstauchten Bein machen wir's doch anders. Wir bedienen uns da eine Zeitlang des Stocks oder der Krücken und entledigen uns dieser Hilfen wieder, wenn das Bein gesund ist. Warum tragen wir die Krücke der Augen, die Brille, dauernd?

Gewährt dem überlasteten Magen Ruhe, und er erholt sich. Laßt den überanstrengten Muskel oder irgendein übermüdetes Glied ausruhen, und es wird wieder kräftig. Warum sollte Ruhe nicht auch ein übermüdetes Auge wiederherstellen?

Wenn du eine leichte Taubheit merkst, mobilisiere den Geist gegen sie! Denke nicht, daß jedes Übel immer schlimmer werden muß, denn dann wird es wirklich schlimmer! Nein! Denke die Besserung! Der Geist kann Verbündeter oder Gegner der Krankheit sein! Laß ihn ihren Gegner sein! Sage: »Es geht mir immer

besser! Ich will, daß es mir immer bessergehe!«
Das ist *jedenfalls* mehr wert als die Resignation, die sich hilflos ergibt und die mächtige Medizin des Geistes gar nicht versucht.

## Varia

Es gibt nichts Neues unter der Sonne, aber es gibt doch unzählige Dinge, die uns heute unbekannt sind und die uns neu bedünken würden, wenn wir sie kennenlernten. Wir haben kaum noch den Saum unseres wirklichen Lebens berührt und wissen wenig, was es denn eigentlich heißt, zu leben!

*

Wir sind Schatzkästlein, die Wunderkräfte bergen. Wir brachten diese Kräfte aus urferner, unberechenbarer Vergangenheit mit uns in diese Welt – aus einer Vergangenheit des Geistes, der sich als Atom gebar und, in unbewußtem Verlangen nach Vervollkommnung, in Zeitaltern immer vollkommener wurde, reichere Organisation gewann, vielfachere Begabung und, durch Vermischung und Wiedervermischung mit dem Element, wundersame Kraft, bis allendlich der Mann geboren wurde, das Weib geboren wurde – blind zunächst, blind, wie es heute noch die Millionen sind, die nicht sehen können, was in ihnen ist, blind für den Glauben und die Hingabe an das Göttliche in ihnen – bis zuletzt der Schleier von ihren Augen genommen wird und sie zu Göttern aufsteigen, ewigem Leben zubestimmt, ewiger Blüte und ewiger grenzenloser Glückseligkeit.

*

Ich gebrauche öfter den Ausdruck »Erhabenste Kraft« – und fühle dabei die Armseligkeit der Sprache, auch nur ein Kleinteil jener Kraft zu bezeichnen, die den Planeten im Raume kreisen läßt, die uns erhält und aus der wir die Kraft zu jeglichem Vollbringen und Tun – auch zum geringfügigsten – zum Biegen des Fingers, zum Öffnen des Auges – empfangen. Ich maße mir nicht an, die Eigenschaft oder den Ursprung der Erhabensten Kraft zu kennen. Ich glaube vielmehr, daß sie der menschliche Geist sowenig ergründen kann wie der Geist höherer und höchster Organisationen. Ich glaube, es ist die Kraft, von der in der Bibel gesagt wird: »Die Erzengel verhüllen ihr Angesicht vor ihr.« Ich schließe daraus, daß auch die höchsten Organisationen, die wir uns vorzustellen vermögen, ihrer eigenen Nichtigkeit immer mehr bewußt werden, je gewaltiger sich ihnen die Unermeß-

lichkeit jener Kraft offenbart; und daß sie, je klarer sie die Herrlichkeit ihrer Werke erschauen dürfen, immer mehr die Erkenntnis von der Unmöglichkeit eines Verstehens oder einer Erklärung jener Kraft gewinnen, die keinen Anfang hatte und kein Ende haben kann.
Der Glaube an die Erhabenste Kraft wird nicht durch mühsames Studium oder mitternächtiges Sinnen über alten und neuen Büchern gewonnen. Er wird in aller Fülle und mit allen seinen Gaben dir zuströmen, wenn du lernst, deinen Geist in rechter Bereitschaft zu halten, um ihn zu empfangen. Wenn dein Geist dazu bereit und bereitet ist, wird der Glaube dir zuströmen, wie der Regen aus der Wolke strömt. Die rechte Bereitschaft des Geistes zum Glauben ist aber nichts anderes als der ernste Wunsch: den Glauben zu empfangen.

*

Wir können alte Gewohnheiten, eine altgewohnte Art zu denken, zu leben, nicht über Nacht ablegen. Wir leben in Irrtümern, die zehn, zwanzig, dreißig, vierzig Jahre in uns gewachsen sind. Wir werden also immer wieder in sie zurückfallen wie in eine Geste, in eine Redensart, die uns zweite Natur geworden ist. Jede unserer Gewohnheiten nistete sich erst in unserem Geiste ein, ehe sie sich im Körper auswirkte. Hast du nun den Gedanken der Wahrheit aufgenommen, so wird er dich nie wieder verlassen, denn eine Wahrheit, die wir aufgenommen haben, kann uns nicht mehr verlassen. Sie bleibt bei uns und wächst in uns, und ihr Wachstum treibt langsam und sicher jeden Irrtum aus uns.

*

Gott oder der Unendliche Geist des Guten »wirkt in uns und durch uns«. Wir sind alle Teile Gottes, und jeder Teil ist, indem er immer göttlicher wird, eine ewige Verherrlichung Gottes. Wir müssen den Gedanken im Geiste bewahren, daß wir von dieser Kraft heute mehr besitzen als gestern. Wir müssen uns von der Abhängigkeit von Menschen oder Dingen oder Kräften frei machen. Es darf nur *eine* Abhängigkeit geben: die Abhängigkeit von der Kraft, die wir immer anrufen und uns zuleiten können. Jeder Mensch ist ein Reich, das an Kraft und Macht stetig zunimmt.

*

Alle Formen des Lebens sind Ergebnisse ununterbrochener Reihen von Wiederverkörperungen im Stoff. Wir können die Materie deshalb die andere, gröbere Form des Geistes nennen, organisiert, um dem physischen Auge sichtbar zu sein.

*

Wer anderen hilft, dem wird geholfen werden. Wer anderen Hilfe zudenkt, der wird Hilfedenken dafür empfangen. Du kannst keinem andern Menschen schaden, ohne dir selbst Schaden zu tun.

*

Intuition bedeutet die innere Lehre und den inneren Lehrer. Dieser Lehrer wohnt in uns allen. Laß ihn sprechen, verlange Weisheit aus dem Unendlichen Geist – und sie wird zum Genie werden, zu *deinem* Genie!
Das Genie erkennt den Diamanten, noch eh' er geschliffen ist, es erkennt die Eigenschaften zum Erfolg in den Menschen, mögen sie nun Fürsten oder Bauern oder, im weltlichen Verstande der Worte, »gebildet« oder »ungebildet« sein. Das Genie mag ungewandt sprechen oder unbeholfen schreiben, aber es kann dennoch

Berge versetzen und Städte bauen und den Planeten mit Schienensträngen und Telegrafen gürten. Die »Bildung« mag sehr gewandt sprechen und sehr beholfen schreiben – und dennoch nicht imstande sein, einen Maulwurfshügel abzutragen.

*

Sei nicht überängstlich, wenn du in einer Kunst oder in einem Berufe nicht so schnell vorwärtskommst, wie du es wünschest. Sei nicht gequälten, unruhigen Geistes, wenn Versuch um Versuch fehlschlägt. Keine Übereilung. Fühlst du dich in der Stimmung von Hast und Erregtheit – halt inne! Denn das ist nicht die Stimmung, in der etwas zu lernen ist – das ist die Stimmung, in der Kraft vergeudet wird!
Du kannst alles erlernen, wenn dein Geist ausdauernd und beharrlich einem Ziele zustrebt. Warte ruhig! Die Kunst kommt zu dir!

*

Mäßigkeit bedeutet rechten Gebrauch von Kraft, Unmäßigkeit unrechten Gebrauch von Kraft.
Die verderblichste Unmäßigkeit von heute ist die der Hast und Ungeduld oder der Wunsch

und Versuch, vielerlei Dinge in einer Stunde oder an einem Tage zu tun! Die Stimmung der Hast und Ungeduld, mit der du am Morgen deine Schuhriemen bindest oder deine Kleider anlegst, kannst du leicht in jede deiner Tätigkeiten an diesem Tage tragen. Du begibst dich so in den Geiststrom der Ungeduld und Hast und bist das Glied einer unendlichen Kette geworden. Könntest du dich an solchem Tage hellseherisch erschauen, du schautest, wie unkörperliche Drähte von dir zu eiligen, ungeduldigen, gehetzten und also mehr oder weniger gereizten Menschen hinfließen und von ihnen wieder zu dir. Denn so gewiß, wie der Fluß dem Meer zufließt, so gewiß führen Hast und Ungeduld zu Verärgerung, Gereiztheit und Übellaunigkeit.

*

Die gewöhnlichsten Dinge des Alltags können zu Quellen der Erholung und Freude gemacht werden. Keine Tätigkeit – und wäre sie noch so geringfügig oder lästig – sollte uns ermüden oder beschwerlich fallen. Wir haben an jedem Tage hundertmal Gelegenheit, die sogenannten kleinen Dinge zu tun, die uns ungeduldig machen. Wir reißen den Überrock vom Haken, greifen rasch und gleichgültig nach diesem oder

jenem Gegenstande, schleudern unsere Briefe hin und gönnen uns nicht die Freude, ihnen Form und Leserlichkeit zu geben. Wir gebrauchen unsere Muskeln immerfort und irgendwie auf eine Art, die uns kein Vergnügen bereitet. Jede Bewegung eines Muskels aber, die uns kein Vergnügen bereitet, ist ein Prozeß, der uns abbaut. Er trägt sein Kleinteil dazu bei, unseren Körper aufzubrauchen. Er erzeugt die Gewohnheit der Ungeduld und Ruhelosigkeit.
Denn es ist nicht die Arbeit, die die Leute umbringt: es ist nur ihre Art zu arbeiten! Ruhevolle Arbeit kann Erholung und körperlicher Aufbau sein. Doch die Wissenschaft der Ruhe reicht vom Biegen des Fingers bis zur Gewohnheit an eine Ordnung, die den rechten Platz für die Stecknadel und den Bleistift nicht außer acht läßt. Der Himmel wird aus dem Tag der kleinen Dinge geboren.

*

Jeder unserer Gedanken ist eine Kraft in der Natur. Je mehr wir ihn mit dem Guten erfüllen, um so größer ist diese Kraft. Und je mehr Gutes sie anderen bringt, um so mehr Gutes empfangen wir als Gegengabe. Ein Gedanke ist kein leerer Hauch, der nun, im Augenblick, besteht, dann vergessen wird und im nächsten Augenblick im Wesenlosen entschwindet. Nein! Wenn wir einmal in aller Aufrichtigkeit sagen werden: »Möge der Unendliche Geist des Guten alle Menschen segnen!« –: dann werden wir, wenn einmal die große Endsumme unseres Lebens gezogen wird, erkennen, daß der Augenblick, den wir so erlebten, der höchste und mächtigste von allen war. Denn die Kraft, die wir damals aussandten, mag die einzige gewesen sein, die die finstere Atmosphäre all des Denkens um uns herum durchbrach und, empordringend, aus der höheren, reineren, lebensbejahenden und aufbauenden Kraft einen gleichen Strahl uns herniederbrachte. Jeder Gedanke des wahrhaft Guten, den wir in den Raum denken, trägt uns seinesgleichen zu.

*

Wenn ein Leiden chronisch wurde – zum Beispiel: ein Rheumatismus –, so geschah dies, weil das Darandenken beim Patienten chronisch wurde. Ein solcher Patient hat gleichsam die Idee »Rheumatismus« in sich hineingehämmert, und dabei haben ihm seine Freunde und Bekannten vermutlich nach Kräften geholfen. Er wurde und wird vom Darandenken zuwenig abgelenkt. Wenn er reist, ist sein Rheumatismus mit eingepackt. Er trifft mit Leuten zusam-

men, die Erholungsreisen machen oder Kurorte aufsuchen, und sie alle haben ihren Rheumatismus mit eingepackt. Frage, Losung und Antwort an jedem Tage und in jeder Woche lauten, daheim und draußen: »Was macht Ihr Rheumatismus? Besser? Ja, der Rheumatismus! Oh, der Rheumatismus! Rheuma, Rheuma, Rheumatismus!« Die Leute gehen mit ihm schlafen, sie stehen mit ihm auf, sie frühstükken mit ihm, sie sprechen anderen davon und teilen ihr Elend redlich mit ihren Schmerzensbrüdern.
Was aber den Dämonen des Rheumatismus und der Dyspepsie und anderer Übel am meisten behagt, das ist das ewige Reden und Sinnen der Menschen über das Rheuma und die Dyspepsie und andere Übel. Doch was allein hinreicht, sie zu vertreiben: das ist ein fröhliches Picknick, dabei man weder auf sie hört noch an sie denkt, noch von ihnen spricht!

*

Eine heitere Melodie vermittelt uns die heitere Empfindung, die den Musiker bewegte, als er die Melodie hinschrieb. Sie vermittelt uns auch den Geist jener, die sie uns zu Gehör bringen. So ist die Musik eine der großen Lebenspenderinnen.

In der Erziehung der Zukunft wird die Musik als ebenso nötig erachtet werden wie Schreiben und Lesen, denn man wird klar erkannt haben, daß die Musik eines der mächtigsten Mittel ist, um Leben, Gesundheit und Kraft zu fördern.

*

Jedem menschlichen Geiste wohnt Musik inne. Einige der heitersten, alle Sorge zerstreuenden amerikanischen Melodien entsprangen kunstlos dem Herzen jenes ungelehrten Negers, der gefangen war, doch den ein Sonnenstrahl erfreuen konnte.

*

Furcht lähmt den Geist und schwächt den Körper. Furcht ist überall. Furcht vor Mangel und Hunger, Furcht vor der öffentlichen Meinung, Furcht vor privater Meinung, Furcht, es könnte, was heute noch unser ist, morgen nicht mehr unser sein, Furcht vor Krankheit, Todesfurcht. Furcht ist Millionen eine feste Gewohnheit geworden. Der Furchtgedanke wird überall gedacht. Er wird uns aus jeder Richtung zugeworfen. Furcht macht Tyrannen. Sie macht den erbarmungslosen Herrn, den unerbittlichen Gläubiger. »Ich fürchte«, sagt der Mann der

Millionen, »ich fürchte, ich könnte nicht länger der Manie frönen, Millionen anzuhäufen, wenn ich meine Zinsen und Fälligkeiten nicht aufs pünktlichste eintriebe! Zwar, die Millionen als solche tun mir nichts Gutes, aber der Gedanke, sie zu besitzen, ist doch gar zu schön!« – »Ich fürchte«, sagt der Beamte des Millionärs, »ich fürchte, wenn ich den strengen Aufträgen meines Herrn nicht Folge leistete und Zinsen und Fälligkeiten nicht aufs pünktlichste eintriebe, ich könnte nicht leben!« Der Beamte leidet an der gleichen Furcht wie sein Herr, er übernimmt sie von seinem Herrn, denkt mit seinem Herrn. Furcht steckt an. Der Herausgeber sagt: »Ich kann diese Wahrheit nicht drucken – das würde mich meine Abonnenten kosten!« Der Geistliche sagt: »Ich darf diese Wahrheit nicht predigen, sonst laufen mir die Leute aus der Kirche!«

Der Furchtgedanke, eine wirkliche, tätige Substanz, vorhanden wie jedes andere Element in der Natur, schlägt sich mit vieler Kunst vom Gehirn des reichen Mannes bis zu dem des Gefangenen im Kerker durch. Er endet beim Diebe. Denn auch der Dieb sagt: »Ich fürchte den Hunger!« Und also schiebt er seine Hand in die Tasche des Nächsten und entnimmt ihr eine feiste Brieftasche. »Ich fürchte«, sagt einer, der eine Kunst beginnt, »ich fürchte die Kritik der andern. Sie werden meine Methode ins Lächerliche ziehen!« Nun, ein solcher Künstler wird von anderen beherrscht. Er wird niemals so schnell vorwärtskommen, als wenn er sich ganz und gar nicht um das bekümmerte, was die andern sagen.

Es ist höchst wünschenswert, jegliche Furcht zu bannen. Furcht macht den Reichen arm und den Gesunden krank. In stetem Schrekken leben, in stetem Sichkrümmen, in steter Furcht vor irgendwas, sei es Verlust einer Liebe, Geldverlust, Verlust einer Stelle oder gewisser Verhältnisse: es sind die sichersten Mittel, alles zu verlieren, was man zu verlieren fürchtet.

Wie entledigen wir uns der Furcht? Wie befreien wir uns von der Herrschaft anderer furchtgepackter Geister über uns? Widersetzen wir uns allem, was wir fürchten! Bekämpfen wir es! Beginnen wir damit, uns im Geiste als tapfer zu sehen! Seien wir in unserer Einbildung gelassene Herausforderer alles dessen, was wir fürchten, handle es sich nun um Menschen oder Pflichten oder Möglichkeiten! Was unser Geist sich vorstellt, ist gewissermaßen Wirklichkeit. Eine solche Art Denken wird uns Kraft geben. Verlange nach mehr Mut! Bitte darum! Bete darum – du wirst die Eigenschaft des Mutes erlangen und immer mutiger werden – und der Mut wird dich nicht mehr verlassen!

*

Ich werde manchmal gefragt: »Tust du auch, was du schreibst? Lebst du, wie du willst, daß wir leben sollen?«
Ich antworte: »Nein, ich tue es nicht! Ich bin's nicht imstande! Alle die Übel, von denen ich gesprochen habe, finde ich in und an mir selbst! Daraus, daß ich sie sehe, folgt noch nicht, daß ich sie auch sogleich meistern kann. Ich habe manche von ihnen in lebenslanger Gewohnheit erworben, und jede Gewohnheit kann nur allmählich überwunden werden. Ich kann nun gereizt, mutlos oder schlechter Laune sein und ein andermal in andere üble Stimmungen hineingeraten. Ich weiß, daß die Aussendung solcher Elemente schädlich ist; aber Wissen und Können ist zweierlei. Ich fühle das Bedürfnis nach größerer Kraft, um meinen Neigungen zum Übel widerstehen zu können – und ich erhoffe die Vergrößerung der Kraft aller von dem vereinigten Wollen aller.

*

*Unendlicher und Ewiger Geist des Guten, erneuere unsere Kraft, auf daß wir aller unserer Mängel Herr werden. Erneuere unseren Geist. Gib uns Wohlwollen für alle Menschen. Gib uns Glauben und laß uns immer deutlicher das Gesetz erkennen, die Wege und Mittel, die uns dauernde Gesundheit, Frieden, Glück und Wohlfahrt bereiten können. Gib uns das vollkommene Vertrauen in das Gesetz des ewigen Lebens!*

## Unwahrheiten

Einen Begriff oder eine Vorstellung vom Tode (als Gegensatz des Lebens) gibt es nur im menschlichen Geiste und nirgendwo sonst. Der Mensch, unfähig, über das zeitliche Ende einer materialisierten Offenbarung des Weltgeistes hinausblicken zu können, bildete sich den Begriff, die Vorstellung vom Tode, von totem Sein. Wenn der Baum aufhört, neue Blätter zu treiben, wenn der Lebenssaft ihm nicht mehr durch die Adern läuft, nennt der Mensch das »tot«. Er sagt, der Baum sei tot. In Wahrheit verbleiben aber Leben, Geist und Bewegung sehr wohl im Holze des Baumes. Sie sind es ja, die dieses Holz allgemach zerstücken – doch der Mensch nennt das: verfallen, morschen. Ganz im Gegenteile ist es aber der allmächtige, alles belebende, schöpferische Geist, der sich in verwandelter Form auswirkt, um in dieser Form noch höhere Freude zu genießen.

Dieser selbe Geist läßt den menschlichen Körper zu Asche werden. Wenn der Körper des Menschen, den der Geist aufgab, wirklich tot wäre, so verbliebe er ewig unverändert in dem

Zustande, in dem er sich beim letzten Atemzuge des Menschen befand.

Die Vorstellung vom Tode ist eine erste große Unwahrheit.

Pflanze und Tier, alle belebten Dinge der Schöpfung freuen sich des Lebens, wenn sie ihrem wilden oder Naturzustande überlassen sind. Sie sind dann wahre Offenbarungen des Weltgeistes. Sobald sich aber der Mensch mit ihnen zu schaffen macht, um ihre Zähmung und Züchtung zu betreiben, gerät er einer Wahrheit in die Quere, mindert er die Lebenskraft der Tiere, ihre Lebensfreude – und seine eigene.

Es ist die Seligkeit von Pflanze und Tier, in voller Freiheit und ohne jede Fürsorge, außer jener des Weltgeistes, zu leben. Wenn der Mensch sich ihrer bemächtigt, hören sie eine Zeitlang auf, wahre Offenbarungen zu sein: sie werden Unwahrheiten.

In ihrem Naturzustande erhalten sich Pflanze und Tier selbst. Sie brauchen die Fürsorge des Menschen nicht. Die Wildgans, zum Beispiel, ist stärker, schneller und symmetrischer geformt als ihre zum Hausgeflügel gewordene Schwester. Sie zieht ihre Jungen ohne Hilfe des Menschen auf, und sie weiß, wann sie das wärmere oder kältere Klima aufzusuchen hat.

Wilde Tiere verlieren, wenn sie gezähmt sind, an Kraft und unterliegen der Verelendung. Ihre

Schönheit nimmt ab. Betrachte die traurigen, herabgekommenen Tiere im Zoo – sie geben dir eine Vorstellung von der Schönheit und Kraft, die ihnen in der heimatlichen Wildnis eigen ist.

Die symmetrische, schnellfliegende, sich selbst erhaltende Wildgans ist eine Wahrheit. Die schwerfällige, hilflose, fette Hausgans, der Flugkraft beraubt und außerstande, sich selbst erhalten zu können, ist eine Unwahrheit. Sie zeigt, was von einer Wahrheit übrigbleibt, wenn der Mensch sie »in die Hand nimmt«.

Deinem Kanarienvogel ist der Tod gewiß, wenn er dem Käfig entfliegt und flüchtet. All seine Kraft, selbst finden zu können, was er braucht, ist ihm vom Menschen weggezähmt und weg-erzogen worden. Der zarte Stubensänger war einst ein freier Waldvogel, er war eine Wahrheit. Der Mensch hat sich vergeblich bemüht, diese Wahrheit zu verbessern.

Das Schwein ist von Natur aus kein unreines Tier. Es war flink, nicht plump. Erst der Mensch hat dieses Tier zum »Schwein« gemacht, zur speckerzeugenden Maschine. Der Mensch sieht im preisgekrönten Mastschwein, dessen Körper kaum von den Beinen getragen werden kann, die Vollkommenheit. So ist das Schwein ein Muster für die »Bewirtschaftung« einer Wahrheit durch den Menschen geworden.

Wenn der Mensch unternimmt, das Tier seinen Zwecken dienstbar zu machen, wird es ein Irrtum, eine materialisierte Unwahrheit.
Un-Wahrheit ist Wahrheit, die von ihrem eigentlichen Zwecke abgebracht wurde. Indessen, die unendliche Kraft des Guten, das auch das Wahre ist, macht alsbald wieder gerade, was krumm ist, und stößt den Irrtum aus. Diese Kraft wirkt auf ihre eigene Weise und schreitet die gerade Straße. Und alles, was der Mensch verkünstelt und verkünstlicht – sich selber eingeschlossen –, muß mit der Zeit wieder natürlich werden, Wahrheit, unverfälschte, ungeschwächte Offenbarung.
Der Mensch der Zukunft – eine mächtigere Offenbarung des Geistes als der Mensch von heute – wird zu leben wissen wie Baum und Tier, diese geringeren Erscheinungen des Geistes. Er wird die Kraft des Unendlichen durch sich wirken lassen. Er wird klar erkennen, daß eine Weisheit, unermessen höher als die seine, sich seiner stetig annimmt, um ihn immer höheren Seligkeiten entgegenzutragen. Er wird im Geiste den Weltgeist sprechen hören:
»Ihr könnt keine Wahrheiten schaffen – ich allein kann es! Alle Pflanzen und Tiere, alle Dinge, die ich schuf, sind gut. Sie sind Wahrheiten. Wenn ihr euch mit ihnen zu schaffen macht, zieht ihr sie zeitweilig von ihrem eigent-

lichen Zwecke ab. Ihr macht Unwahrheiten aus ihnen, und Unwahrheiten erzeugen Schmerz.
Nehmet die Wahrheiten hin, wie ich sie euch gebe, und sie werden euch einem Glücke zuführen, das genießen zu können eure heutigen Kräfte gar nicht vermögen!
Eure Art zu leben, eure Methoden des Lebens – Abschlachtung, Unterjochung und Verkrüppelung von Tieren –, eure Erfindungen und Maschinen, eure sogenannte Weisheit, eure Zivilisation erweisen sich, nach allem, als Irrtümer; denn sie geben euch nicht, was ihr sucht: Glück! Ihr treibt die Natur immer mehr aus eurem Leben, ihr macht dieses Leben immer künstlicher. Euer Ackerbau nimmt dem Boden sehr viel und gibt ihm sehr wenig zurück und wird endlich Hungersnot bringen.
Ihr verunreinigt die Flüsse mit euren Fabriken und Sielwassern. Ihr schafft in den großen Städten eine Atmosphäre, die zur Atmung nicht taugt! Euer Kampf ums Dasein wird täglich härter. Eure Geschäftsmethoden reiben den Menschen in Erregungen auf. Eure Kaufleute, Staatsmänner und andere zerreißen den Faden ihres leiblichen Lebens durch die Überspannung, in der sie leben. Ihr versucht, in Unwahrheiten zu leben, und Unwahrheiten können nur Unglück zeugen!«
Aber eine Unwahrheit kann nicht währen.

Die Brut gewisser Luxuskaninchen muß, um wieder zu Kraft zu gelangen, von Zeit zu Zeit mit wilden Kaninchen aufgezüchtet werden. Ähnliches beobachten wir bei Pflanzen. Der stämmigere, naturhaftere Weinstock Amerikas hilft den erschöpften Weingärten Frankreichs wieder auf. Und so ist endlich auch der Mensch gezwungen, sich von Zeit zu Zeit Kraft aus einer Wahrheit zu holen – um seine Unwahrheit länger ertragen zu können!

Jede Unwahrheit bedarf stetig der Pflege und wird doch bei aller Pflege immer schwächer und schwächer. Wer eine Lüge spricht, muß sie durch eine zweite stützen; aber er verliert mit jeder Lüge an innerem Halt und ist der Bloßstellung immer mehr ausgesetzt.

Wir sind nicht die Erzeuger der wahren Gedanken. Wir sind gleichsam nur die Behälter und Kanäle der wahren Gedanken, die uns durchfließen und beglücken.

Der Vogel musiziert nicht aus sich: die Weltseele ergießt Musik durch ihn. Das ist es, was wir lernen müssen, um Inspiration und Kraft zu jedem Werke zu empfangen. Und es ist ja unser Vorrecht, uns erkenntnisvoller als Baum oder Tier der Weltseele öffnen zu können, um mit weit höherer Gabe bedacht zu werden.

Ein wahrer Gedanke ist eine lebendige, bewegliche, tätige Wirklichkeit, eine Kraft. Er kann so stark werden, daß er sich ohne Hilfe der Hände selbst bekleidet und in physischer Form tätig ist. Wir würden das ein »Wunder« nennen, während es doch nur die Wirksamkeit eines Gesetzes wäre, von dem wir heute noch wenig wissen.

Je mehr wahre Gedanken unser Geist zu Bau und Bildung aufgenommen hat, um so empfindlicher und wacher wird er gegen alle Unwahrheiten. Er wirft sie um so schneller hinaus – genau wie der gesunde Magen sich unbekömmlicher Nahrung entledigt. Darum fühlt der Mensch eine Zeitlang physische Störung, denn der Geist, durchaus wach gegen Irrtum und von wahren Gedanken immer neu gekräftigt, treibt unaufhörlich die Unwahrheiten aus dem Tempel, denen er unbewußt seit Jahren Herberge gewesen sein mag.

Der wichtigste aller Gründe, weshalb wir nicht lügen sollten, ist der, daß diese Gewohnheit dem Körper Krankheit und der Seele Elend bereitet. Lügen schädigt uns am schwersten. Wenn wir Lügen sprechen oder Lügen schweigen, machen wir diese Lügen oder krummen Gedanken zu einem Teile unseres Körpers – genau wie wir uns Gedanken der Wahrheit, die wir empfangen, einverleiben. Wenn unser Körper nur Unwahrheiten aufnimmt, geht er zugrunde.

Lügen ist freilich nicht auf falschem Wortbericht allein begründet. Wir können lügen, ohne ein Wort zu sprechen, wir können Lügen schweigen, wie ich sagte. Wir heißen einen Menschen in unserem Hause willkommen, obgleich wir wünschen, er wäre ferngeblieben. Das ist eine Lüge. Wir lächeln, auch wenn uns andere weder unterhalten noch belustigen. Dieses Lächeln täuscht Unterhaltensein vor. Es ist eine Lüge, ist vom Element der Lüge durchsetzt. Wir geben Interesse für die Wohlfahrt und das Glück eines Menschen vor, dessen Geld wir einst zu erlangen hoffen. Dieses Vorgehen ist Lüge. Wir wagen kaum, uns das wahre Motiv einzugestehen. Wir wechseln das Religionsbekenntnis, um gesellschaftliche Vorteile zu gewinnen, und wir treten, von der Rednertribüne, für Überzeugungen ein, die wir gar nicht haben, ja, die den unseren zuwider sind. Das sind Lügen. Zu sagen, etwas sei uns angenehm, auch wenn es uns unangenehm ist, ist abermals eine Lüge. Halbzustimmung ist Lüge. »Ja!« sagen und »Nein!« meinen ist Lüge.

Diese verschiedentlichen Lügen sind freilich so allgemein, daß wir beinahe vergessen haben, sie noch als Lügen zu betrachten. Die ehrenwertesten Leute lassen heute durch das Dienstmädchen dem ehrenwertesten Besuch an der Türe sagen, man sei nicht zu Hause – auch wenn man zu Hause ist. Die trefflichsten Männer lassen sich verleugnen, wenn der telefonische Anruf zur Unzeit geschieht! Aber dieses bewußte oder unbewußte Lügen übt schädliche Wirkung auf den Körper. Ja, schneller als die bewußte Lüge schädigt die unbewußte. Sie ist wie ein Gift, das unwissentlich eingenommen wurde.

Wenn ein Mensch das Schädliche einer Gewohnheit, der er ergeben ist, nicht mehr erkennt, besteht wenig Hoffnung für ihn. Die Gewohnheit des Lügens kann uns mit solch spiritualer Blindheit schlagen, daß wir die Wahrheit überhaupt nicht mehr zu sehen vermögen. Wir bauen dann unseren Körper nur noch aus Unwahrheiten auf, wir können nur noch Unwahrheiten sehen und an Unwahrheiten glauben. So wird dem Körper Krankheit und endlich Tod. Denn Unwahrheiten haben keinen Bestand; und es liegt im göttlichen Gesetz begründet, daß es, wenn unser Körper nur noch von Unwahrheiten erfüllt, ja nur noch eine Masse von Unwahrheiten ist, diesen Körper zerstört, um dem Geiste einen geeigneteren zu schaffen. So nützt das höhere Gesetz das Üble zum Guten.

Die Gewohnheit des Lügens zieht den Menschen zu Lügen und Lügnern. Deshalb wird ein Lügner dem andern schneller glauben als dem Wahrheit sprechenden Manne. (Vergessen wir nicht: Lügen können auch gelebt werden! Der Hochstapler versteht sich sofort mit dem Hochstapler, der Parvenu mit dem Parvenu!) Gauner ziehen einander an. Das Gleiche gesellt sich zum Gleichen – das gilt in der ganzen Natur!

Der Mensch der Wahrheit und der Mensch der Lüge sind einander unangenehm. Ihre Geistigkeiten sind antagonistische und erzeugen bei jedem von ihnen in Gegenwart des anderen geistiges Unbehagen. Denn Wahrheit und Lüge wollen getrennt wohnen.

Graue Haare, Runzeln und alle Zeichen des Alters im Antlitz oder am Körper sind materialisierte Zeichen des Irrtums. Sie sind Zeichen dafür, daß ein falscher Glaube zeitweise im Geiste gelebt hat. Denn es ist ein falscher Glaube, der da sagt, der Verfall unseres physischen Körpers sei unvermeidlich und durch keine Möglichkeit zu verhindern. Nein! Das ist Lüge! Es ist ein parasitärer Auswuchs von Unwahrheit! Diese Unwahrheit wird vom ganzen Menschengeschlechte aufrechterhalten, ja, es wird so fest an sie geglaubt, daß selten daran gedacht und nie danach gefragt wird!

Wenn der Geist dem Körper wahre Gedanken sendet, werden sie sich abermals selbst als solche erweisen, indem sie dem Körper ewiges Leben geben, so wie der Geist das ewige Leben lebt.

## Über die Ruhe

Ruhe ist eine Eigenschaft, die herangebildet und nach und nach erworben werden kann. Bewahre dieses Wort. Mach es irgendwo um dich herum sichtbar. Dein Geist braucht diesen Gedanken. Du mußt ihn in deinen Geist pflanzen, damit er Wurzel fassen und wachsen könne. Und so wie er wächst, wirst du, ungeachtet zahlloser Fehler, zuletzt der Nutznießer sein. Viele, viele Male wirst du dein hastiges Tun zu verbessern haben, aber jede Verbesserung wird dich – und sei's auch nur um ein Stückchen Weges – dem Ziele näher bringen. Je mehr dich deine Fehler ärgern, desto besser! Denn dies zeigt, daß du sie erkannt hast!

Die Schule der Ruhe bist immer du selbst. Du kannst sie schon üben, wenn du dich am Morgen erhebst und deine Kleider anlegst. Dein Gang, deine Mahlzeit, dein Türöffnen und -schließen können Ruhe zeigen. Nichts, was du tust, ist ihrer unwert; nichts ihrer zu wert. Ruhe sei dir Gewohnheit. Und diese Gewohnheit deine zweite Natur.

Es gibt ein Gesetz des gesunden Schlafes der Kindheit und ein Gesetz des ungesunden Schlafes der reifen, wenn nicht gar schon der frühen Jahre. Alles unterliegt Gesetzen. Gesetze bestimmen den Verfall eines Hauses oder Baumes so gut wie das gesunde Wachstum. Wir legen nachts nicht unser eigentliches Ich zur Ruhe. Wir legen nur den Körper zur Ruhe; das Instrument, dessen wir uns in der physischen Welt bedienen, bedarf der Erholung. Wenn nun der Geist erneute Kraft gewinnt, indes der Körper ruht, wird er bei seiner Wiederkehr – soferne wir nachts den Zustand des Schlafes recht verwirklicht haben – von dieser Kraft dem Körper mitteilen.

Es gibt zweierlei Schlaf. Da ist der gesunde Schlaf, der den Körper stärkt und erfrischt, und da ist der ungesunde, fieberische, ruhelose Schlaf, aus dem der Körper mit wenig Kraft sich erhebt. Wenn du wach bist, wirkt dein Geist auf den Körper, er bedient sich seiner sozusagen. Täte er dies unaufhörlich: der Körper würde bald verbraucht sein, denn Schlaflosigkeit verzehrt Körperkraft. Wenn du schläfst, handelt, denkt und wirkt dein Geist dennoch, aber fern vom Körper. Er kann dann in einem gesunden oder ungesunden Reiche sein. Ist er in einem gesunden Reich gewesen, so wird er dem Körper die Kraft gesunder Gedanken zuleiten, die ihn wiederherstellen und stärken kann. Ist er in einem ungesunden gewesen, so wird er das Element ungesunder Gedanken zuleiten. Es ist deshalb sehr wichtig, in welchem Zustande sich dein Geist befindet, wenn du abends zu Bett gehst.

Sei nicht zornig oder gereizt! Hasse niemand! Sei nicht entmutigt, verzweifelt, hoffnungslos! Mühe dich nicht mit schweren Gedanken ab! Tue keinerlei Arbeit mehr!

Manchmal ist unser Geist, wenn wir ruhen, tätiger als je, er ist voll Plänen, Entwürfen, Besorgnissen, Qualen. Das ermüdet den Körper und schafft Ruhelosigkeit, in der wir uns stundenlang wach herumwälzen. Der Geist ist dann erhöht tätig, weil ihn der ruhende Körper nicht in Anspruch nimmt.

Du sollst aber alles Denken verabschieden, wenn du zu Bett gehst, und nur auf Ruhe bedacht sein. Denke das Wort *Ruhe*, wenn du dich entkleidest. Dieses Wort trägt dir die Vorstellung von Ruhe zu. Es wird nach und nach den Zustand und die Richtung deines Denkens verändern, es wird dich mit dem Element der Ruhe verbinden. Vielleicht gelingt es dir nicht sogleich, Schlaf zu finden. Du bist ja jahrelang Gehirnarbeiter gewesen und an diese Arbeit gewöhnt. Allein, du wirst nach und nach den Geist in den Zustand der Ruhe bringen, wenn

du ausharrst. Monate können darüber hingehen, ehe du eine Wandlung zum Bessern bemerkst. Aber hast du die Schlaflosigkeit einmal überwunden, so hast du sie für immer überwunden. Du kannst eine Gewohnheit des Geistes nicht sogleich ablegen – sowenig du einen neuen Körper erlangen, einen bestimmten Gestus oder deine Art zu gehen oder zu reden sogleich von dir tun kannst.
Ist dein Geist tagsüber aus irgendeiner Ursache tief verstört, so sendet er nachts deiner körperlichen Wesenheit das gleiche tief verstörende Element zu. Die am Tage vorherrschende Stimmung deines Gemüts- und Geisteswesens wird auch bei dir sein, wenn der Körper ruht. Der Geist schläft nicht anders, als die Elektrizität schläft – nicht anders als das Element, das, von der Sonne ausgesandt, bei Berührung unseres Planeten Licht und Wärme erzeugt. Das Kind ist ein Geist, der mit einem neuen Körper ins physische Leben tritt. Das Gedächtnis aller Verworrenheiten seines früheren Daseins ist glücklicherweise ausgelöscht. Wie weise, daß wir unvollkommene Wesen, denen so wenig Macht wurde, den Geist zu beherrschen und das Unangenehme von ihm fernzuhalten, nicht wissen, was wir in einem vergangenen Leben erlitten haben! Wüßten wir es, wir würden als Zweijährige mit all den Sorgen und Mühen

beginnen, die wir einst als Siebzigjährige mit uns schleppten!
Bis zu einem gewissen Alter hat das Kind vollkommenes Vertrauen zu seinen Eltern, die ihm Nahrung, Kleidung und Obdach geben. Aber sobald es gezwungen wird, sich selbst zu erhalten, beginnen Sorge und Arbeit, die es, wenn es reif ist, mit in den Schlaf hinübernimmt. Ach, es vertraut niemandem mehr. Und das mag eine der Ursachen unserer Störung, unserer Schlaflosigkeit sein.
Du ruhst am besten aus, wenn du von einer Arbeit auf eine andere übergehst. Ein und dasselbe Geschäft oder Studium, allezeit betrieben, Tag und Nacht, morgens und abends, bringt dich in Wirklichkeit nicht so gut weiter als ein Vergessen und Ausruhenlassen des Geistes. Auch er muß ausgeruht werden wie deine Muskeln nach einer körperlichen Anstrengung. Der ausruhende Geist empfängt neue Gedanken und neue Kraft, sie zu verwirklichen. Und ein neuer Gedanke ist wert, daß man auf ihn warte. Aber gegenwärtig geschieht es oft, daß Geschäft und Beruf bis in den späten Abend, ja bis in die Nacht hinein betrieben werden, und so kann der Geist den Betrieb nicht loswerden, er kann nicht ausruhen, auch wenn der Körper endlich ruht. Und selbst wenn der Schlaf gelingt, wenn die physischen Sinne bewußtlos

werden, arbeiten doch die feineren oder spiritualen Sinne unverändert weiter. Wir gewinnen hiedurch wenig oder gar nichts, denn wir leiten dem Körper dann nur alte, abgestandene, verbrauchte Gedanken zu, was verbrauchtes Leben bedeutet. Wir ziehen am Morgen sozusagen unseren physischen Körper mit der alten Garnitur unserer Gedanken, Ansichten, Pläne und Ärgernisse von gestern an.

Was ist dagegen zu tun?

Mehr Erholung, mehr Abwechslung in die Tätigkeit, mehr Farbe in unser Leben hinein, mehrere Ichs in unser Ich! Um ein reichstes und glücklichstes Leben zu verwirklichen, dazu müssen wir zwei oder drei, wenn nicht vier Leben zugleich leben: wir können Kaufmann und Künstler am Morgen und Segler oder Lawn-Tennisspieler am Nachmittag sein, um so am Nachmittag den Menschen vom Vormittag zu vergessen. Um dem Kaufmann oder Künstler in uns Erholung zu schaffen und ihn zu erfrischen, auf daß er mit einer neuen Kraft, einem neuen Entwurf oder einer neuen Idee ans Werk des nächsten Tages gehe, wie dies die erfolgreichsten und klügsten unserer Kaufleute tun, wenn sie ihre Büros am frühen Nachmittag verlassen, um sich völlig der Erholung hinzugeben, und bestünde diese auch nur darin, spazierenzugehen.

Wenn du der Schlafgenosse eines dir nahestehenden Menschen bist, der geängstet, sorgenvoll, verzweifelt oder zornigen Gemütes zu Bette ging, wird dein Geist zur Nacht gleichsam auf die tiefere Lebensebene jenes Menschen hinabgezogen. Du nimmst nicht das gleiche gesunde Element in dich auf, das du aufnehmen würdest, schliefest du allein. Dein Geist wird von dem störenden Elemente des anderen durchsetzt, und du erwachst am Morgen weniger erfrischt.
Die Schädigung, die einem jungen Menschen erwächst, der mit einem alten den Schlafraum teilt, hat seinen Grund darin, daß der alte Mensch an den Dingen des Lebens immer weniger Anteil nimmt, wähnend, er sei schon zu alt geworden, um noch etwas zu lernen. Denn wir Toren glauben ja, Verfall des Körpers bedinge Verfall des Lebens. Die geistig frischere Welt des jungen Menschen wird gewissermaßen vom alten aufgebraucht, der sich solcherart unbewußt den Reiz der Jugend zueignet. Merke dir: Wahre Jugend ist vom Alter des Körpers unabhängig, wahre Jugend bedeutet unaufhörliche Kraft und Lebendigkeit des Geistes, immer innigeren Anteil an den Angelegenheiten und Zielen der Menschheit, immer flammenderes Streben. Eine der künftigen Möglichkeiten des Erdenlebens wird sein, diesen Gei-

steszustand, wenn er erst einmal erreicht ist, unsere Körper stetig kräftigen, erneuern und verjüngen zu lassen.
Dem Körper wohnt ein bestimmtes, vom Geiste – dessen Instrument er ist – abgesondertes Leben inne. Der Pflanze gleich, kennt er Jugend, Reife und Verfall. Sein erster stofflicher Zustand ist deinem Leben eine Hilfe, deinem Geiste eine Kraft. Allein, sein jugendliches Leben hilft deinem Geiste nur, wie vielleicht ein stoffliches Mittel dem Geiste dient, um Krankheit oder Schwäche zu überwinden. Auch währt des Körpers Hilfe nur eine gewisse Zeit, soferne er nicht von der Kraft des Geistes erneuert wird. Und wo keine Kenntnis besteht, wie die Kraft zu erneuern ist, zerfällt der Körper wie jeder andere stoffliche Bau.
Wir haben einen starken Glauben an Unwahrheiten. Wir haben sie nie in Frage gestellt, haben nie auch nur daran gedacht, sie in Frage zu stellen. Und sind überrascht, daß wir sie als Wahrheiten übernahmen und sich auswirken ließen. Unser unbewußter, fragloser Glaube schuf diese Unwahrheiten. Denn wenn wir im starken Glauben an eine Unwahrheit leben, wird diese Unwahrheit eine Art Rost in unser Leben bringen. Und es ist zuletzt nichts anderes als unser starr erhaltener Glaube an Irrtümer und Unwahrheiten, der jede Krankheit und

Qual erzeugt. »Die Wahrheit«, sagt die Bibel, »wird euch frei machen.« Frei von allem, was Pein und Schmerz ist.

Sobald wir beginnen, die alten Unwahrheiten in Frage zu stellen, ist ihre Herrschaft vorüber.

Man hat dich, als du noch ein Kind warst, an irgendeine Schreckfigur, an einen »bösen Mann« glauben gelehrt. Du hast dich damals darum nicht allein ins Dunkel gewagt und glaubtest eine Zeitlang an den »bösen Mann«. Dann, mit den Jahren, zweifeltest du; endlich war der »böse Mann« für dich völlig abgetan. Aber einst, wenn du im Dunkel standest, schuf er dir körperliches Unbehagen, du bekamst eine Gänsehaut, dein Haar sträubte sich. Du wurdest schwach und zitternd, wurdest krank durch etwas, das gar nicht bestand. Hätte dir ein mutwilliger Mensch damals den »bösen Mann« oder »Geist« im Dunkel vorgetäuscht: dein Körper würde noch schwerer getroffen worden sein. Ja, du hättest zu Tode erschrekken oder um den Verstand kommen können, wie dies bei Kindern unter ähnlichen Umständen schon geschehen ist. Und alles wegen einer Vorstellung von etwas, das es ja gar nicht gab.

Der feste Glaube an den »bösen Mann« bewirkt nun bei erwachsenen Leuten etwas ganz Ähnliches. Mißverständnis macht aus der Bemühung, den Geist zu verjüngen, einen »bösen Mann«, der endlich die Zerstörung des Körpers durch den Geist bewirkt. Der Geist verlangt vom Körper Ruhe, denn er braucht alle seine Kräfte, um sich zu erneuern. Er bringt dieses Verlangen beim rastlosen Menschen vor, der sich jahrelang keine Ruhe gönnte. Und er legt ihn hin und zwingt ihn zu ruhen, er legt ihn brach.

Während des Erneuerungsprozesses sollen wir in unseren Gewohnheiten und Lebensformen naturhafter werden. In allen Erscheinungen der Natur, im Tier und in der Pflanze – soferne sie vom Menschen unberührt und unverkünstelt blieben – sehen wir die Offenbarungen des Unendlichen Geistes, wenngleich sie auch noch nicht seine vollkommensten Offenbarungen sind. Alles blüht immer höherer Vollendung entgegen, und dieses Blühen geschieht nach dem Willen des Unendlichen Geistes und nicht nach dem des Menschen. Denn wo immer der Mensch in die Natur hineinpfuscht, da schafft er Unvollkommenheit und Verkümmerung. »Tout dégénère entre les mains des hommes!« sagte schon Rousseau. Der wilde und der gezähmte Vogel zeigen uns, was Natur und Verkünstelung ist. Der wilde Vogel ist, wie Gott ihn schuf. Sobald der Mensch sich seiner annahm, beraubte er ihn der Stärke und Behendigkeit, der Schönheit und vielfach der Intelligenz. Ausnahmen bestätigen die Regel.

Intelligenz, Instinkt und Geistigkeit bedeuten für mich das gleiche. Sie schließen eine Weisheit ein, die nicht aus Büchern fließt, sondern aus dem Unendlichen Geist. Diese Weisheit offenbart sich mehr oder weniger in allen Formen der stofflichen Welt. Mineral, Pflanze und Wurm verkündigen sie, das geringste Lebewesen und das höchste, das wir kennen, der Mensch, sind voll von ihr. Aber dennoch offenbart sie sich nicht durch alle Menschen gleich. Der Mensch von heute hat nicht soviel von ihr, wie der Mensch der Zukunft von ihr haben wird. Denn der Mensch der Zukunft wird nicht mehr sterben. Er wird das Glück und den Frieden erreicht haben, die er heute so oft ersehnt und so selten findet. Er wird im wachsenden Glück leben, weil er die unerschöpfliche Kraft, den Geist und die Weisheit klar erschauen wird, die ihn und alles Erschaffene beleben und bewegen. Und er wird wissen, daß er sich nur der Kraft des Guten hinzugeben und ihr zu vertrauen hat, um von einer Freude zur anderen getragen zu werden.

Haben alle Erfindungen und Fortschritte der Zivilisation den Menschen glücklicher oder gesünder gemacht? Ist der Kampf ums Dasein weniger hart geworden, als er es vor hundert oder tausend Jahren war? Greifen Krankheit und Leiden nicht stetig um sich? Erlebt nicht jeder von uns Verlust, Verlassenheit und Enttäuschung? Wahrlich, wenige sind, die sagen können: »Mein Leben ist frei von Sorge oder Angst oder Ehrgeiz oder Unzufriedenheit! Mein Leben ist ein Traum von Zufriedenheit und Seligkeit! Mein Leben ist, vom Sonnenaufgang bis zum Untergang, eine Reihe angenehmer Stunden. Und mehr noch: Ich weiß, daß die Tage meines Glücks nicht allein andauern, sondern daß meine Ruhe und innerlichste Freude nur immer noch tiefer und beseligender werden. Ich kenne keine Sorge um das Morgen, denn ich habe diese große Kraft erprobt. Sie hat die Tage, die ich bisher verleben durfte, mit Glück beschenkt, und ich bin meiner Zukunft ebenso sicher.«

Ja, wenn der Mensch sich dieser Kraft so anvertraut und hingibt, ist er mehr als ein Sterblicher. Er wird dann nicht nötig haben, zu säen, zu ernten oder Maschinen zu bauen. Er wird sowenig von Mühsal wissen wie der wilde Vogel, von dem ich sprach. Das geistige Blühen des Menschen wird ihm Kräfte geben, die überwinden, was uns heute als Sorge und Mühsal hemmt.

Im Erneuerungsprozeß wird aber unser Geist (oder höheres Ich) vom Körper mehr Schlaf verlangen. Er wird verlangen, daß die Nacht einzig dem Schlafe dienen solle. Körperlicher Tätigkeit diene der Tag. Denn die stoffliche Welt ist dann am meisten von der stofflichen Sonnenkraft bewegt. Ist diese Kraft geschwunden, senkt die Nacht sich über uns, so herrscht eine andere Kraft vor. Dies ist die Kraft des Geistes. Von ihr strömt der stofflichen Welt Kräftigung am besten zu, wenn die stoffliche Tätigkeit ruht.

Wenn du abends mit dem Willen zu Bette gehst, frei zu sein von Angst und Sorge, und wenn du schweigend von der Allerhöchsten Kraft verlangst, sie, die unendlich Gute, möge dich höchster Weisheit und Glückseligkeit zuführen, dann kann dir der Schlaf werden, der dich am tiefsten erquickt.

Gesunde Ruhe zur Nacht gibt gesunde Ruhe am Tage. Ruhe ist aber der geistige Zustand, dessen unser Geschlecht heute am meisten bedarf. Ruhe heißt nicht Langsamkeit, Trägheit oder gar Müßiggang. Ruhe heißt vielmehr an jeder Tätigkeit Freude finden. Ruhe vollbringt jedes Tun mit größerer Kraft. Ruhe schließt Erschöpfung aus. Ruhe macht jede Arbeit angenehm, nimmt jeder Arbeit das Beschwerliche. Ruhe bedeutet den festen Nerv und die feste Hand, mögen sie nun dem Zeichner, dem Schützen oder dem Manne im Takelwerk zugehören, der in der schwindelnden Höhe des Mastbaumes

am Werke ist. Ruhe tut alle Dinge mit vollendeter und liebender Sorgfalt. Ruhe wird dir endlich den Sinn für die Zeit völlig nehmen.
Ruhe ist eine wohltuende stille Mahnung, die dem Körper aus der höheren Geisteswelt zuströmt. Sie gibt stetig jenen Frieden des Gemüts, den Menschen manchmal durch Alkohol oder Opiate erlangen. Aber der so erlangte Friede ist flüchtig, gewaltsam und einer Rückwirkung unterworfen, die so tief in Trauer stürzt, als sie zur Seligkeit emporhob. Ruhe erhält dich auf der reinen Ebene des Glücks. Und die Allerhöchste Kraft, der Unendliche Geist des Guten wird dich höher und höher in Seligkeiten heben, wenn du solches von ihm würdig verlangst.

# Bibliographische Notiz

Die vorliegenden fünfzehn Essays Prentice Mulfords wurden ausgewählt aus:

Prentice Mulford, Die Möglichkeit des Unmöglichen, Freie Übertragung von Max Hayek, Leipzig, Wien, Zürich 1926

Prentice Mulford, Der unendliche Geist des Guten, Freie Übertragung von Max Hayek, Wien und Leipzig 1928

Ferner sind lieferbar:

Alltagsphilosophie oder Wie ich mich selber glücklich mache, hrsg. v. Charles Linsmayer, aus dem Amerikanischen von Trude Fein, Zürich 1982

Die Möglichkeit des Unmöglichen, hrsg. v. Wladimir Lindenberg, Berlin 1976

Seeleninventur oder bleib' einen Augenblick stehen und denk' über dich selber nach, hrsg. v. Charles Linsmayer, aus dem Englischen von Trude Fein, Zürich 1981

Unfug des Lebens und des Sterbens, übs. v. Sir Galahad, Frankfurt/M. 1984

Unserer Seele Kraft, Freiburg/Br. 1980